卷首语

自公证法施行以来，人民法院依法审理了一定数量的涉及公证活动的相关民事案件。由于公证法对公证机构承担民事责任的规定比较原则，各地法院在司法实践中对涉及公证活动相关民事案件的责任认定及责任分配等问题还存在一些不同的认识，导致裁判标准和裁判结果不统一。为正确审理涉及公证活动相关民事案件，维护当事人的合法权益，2014 年 4 月 28 日，最高人民法院审判委员会第 1614 次会议讨论通过了《最高人民法院关于审理涉及公证活动相关民事案件的若干规定》，该《规定》自 2014 年 6 月 6 日起施行。本辑《民事法律文件解读》收录了该文件，并邀请最高人民法院研究室相关负责人就《规定》的起草背景、主要内容作一简要说明，以帮助读者在实践中理解与适用。

劳动关系事关每位劳动者及其家庭的切身利益，事关社会的发展和国家的稳定。随着工业化、城镇化进程持续推进，劳动关系领域各种新情况、新问题不断涌现，成为审判实践中的疑点、难点和热点。为进一步统一裁审尺度，及时有效化解劳资纠纷，构建和谐劳动关系，浙江省高级人民法院民一庭与浙江省劳动人事争议仲裁院联合制定了《关于审理劳动争议案件若干问题的解答（二）》，指导本省审判和仲裁。本辑解读收录了该文件并特邀该《解答》的主要起草人对其相关问题进行阐释，以供读者参考。

图书在版编目（CIP）数据

民事法律文件解读．总第116辑/奚晓明主编．—北京：人民法院出版社，2014.8
（最新法律文件解读丛书）
ISBN 978－7－5109－1028－9

Ⅰ.①民…　Ⅱ.①奚…　Ⅲ.①民法－法律解释－中国②民事诉讼法－法律解释－中国　Ⅳ.①D923.05②D925.105

中国版本图书馆CIP数据核字（2014）第192687号

民事法律文件解读·总第116辑
主编　奚晓明

责任编辑　肖瑾璟
出版发行　人民法院出版社
地　　址　北京市东城区东交民巷27号　邮编　100745
电　　话　（010）67550562（责任编辑）　67550558（发行部查询）
　　　　　65223677（读者服务部）
网　　址　http：//www.courtbook.com.cn
E－mail　courtbook@sina.com
印　　刷　三河市国英印务有限公司
经　　销　新华书店
开　　本　787×1092毫米　1/16
字　　数　140千字
印　　张　8
版　　次　2014年8月第1版　2014年8月第1次印刷
书　　号　ISBN 978－7－5109－1028－9
定　　价　16.00元

《最新法律文件解读》丛书

编　委　会

执行编辑　肖瑾璟

电　　话　（010）67550562

邮　　箱　courtbook@163. com

目 录

【司法解释、司法解释性文件与解读】

最高人民法院

关于审理涉及公证活动相关民事案件的若干规定

（2014 年 5 月 16 日）…………………………………………… 1

依法规范公证活动　促进社会和谐发展

——最高人民法院研究室与司法部律师公证工作指导司

负责人答记者问…………………………………………… 3

解读《最高人民法院关于审理涉及公证活动相关民事

案件的若干规定》…………… 郭　锋　吴兆祥　陈朝仑　司艳丽 6

最高人民法院

关于全面加强环境资源审判工作　为推进生态文明建设提供

有力司法保障的意见

（2014 年 6 月 23 日）…………………………………………… 19

最高法院公布的九起环境资源审判典型案例

（2014 年 7 月 3 日）…………………………………………… 26

【部门规章、部门规章性文件与解读】

国家工商行政管理总局

驰名商标认定和保护规定

（2014 年 7 月 3 日）…………………………………………… 39

国家工商行政管理总局

网络交易平台合同格式条款规范指引

（2014 年 7 月 30 日）…………………………………………… 43

【地方司法业务文件与解读】
浙江省高级人民法院民事审判第一庭　浙江省劳动人事争议仲裁院
关于审理劳动争议案件若干问题的解答(二)
(2014年4月14日) …………………………………… 48
解读《浙江省高级人民法院民事审判第一庭、浙江省劳动人事争议仲裁院关于审理劳动争议案件若干问题的解答(二)》…… 江宇奇 53

【司法实务问题研究】
当前处理夫妻共同债务存在的问题与对策 …………… 王礼仁 64
知识产权审判中司法裁量权的具体运用 ………… 钱海玲　董声洋 84

【新类型疑难案例选评】
黄某城诉浙江某医药有限公司劳动争议纠纷案
[评析]经济性裁员的认定规则、审查方法及注意事项
………………………………………………… 黄野松　赵敏冲 92

【医疗损害赔偿纠纷实务问题研究】
浅谈人民法院对医疗损害鉴定意见的审查
——安甲等与某医院医疗损害赔偿纠纷案评析
………………………………………………… 陈　特　张异般 97

【民事诉讼法研究备忘(二)】
民事公益诉讼 ………………………………………… 梁展欣 104

【最新立法、司法动态】
最高人民法院
关于审理侵犯专利权纠纷案件应用法律若干问题的解释(二)
(公开征求意见稿) …………………………………… 112

[司法解释、司法解释性文件与解读]

最高人民法院

关于审理涉及公证活动相关民事案件的若干规定

法释〔2014〕6号

(2014年4月28日最高人民法院审判委员会第1614次会议通过
2014年5月16日最高人民法院公告公布
自2014年6月6日起施行)

为正确审理涉及公证活动相关民事案件，维护当事人的合法权益，根据《中华人民共和国民法通则》《中华人民共和国公证法》《中华人民共和国侵权责任法》《中华人民共和国民事诉讼法》等法律的规定，结合审判实践，制定本规定。

第一条 当事人、公证事项的利害关系人依照公证法第四十三条规定向人民法院起诉请求民事赔偿的，应当以公证机构为被告，人民法院应作为侵权责任纠纷案件受理。

第二条 当事人、公证事项的利害关系人起诉请求变更、撤销公证书或者确认公证书无效的，人民法院不予受理，告知其依照公证法第三十九条规定可以向出具公证书的公证机构提出复查。

第三条 当事人、公证事项的利害关系人对公证书所公证的民事权利义务有争议的，可以依照公证法第四十条规定就该争议向人民法院提起民事诉讼。

当事人、公证事项的利害关系人对具有强制执行效力的公证债权文书的民事权利义务有争议直接向人民法院提起民事诉讼的，人民法院依法不予受理。但是，公证债权文书被人民法院裁定不予执行的除外。

第四条 当事人、公证事项的利害关系人提供证据证明公证机构及其公证员在公证活动中具有下列情形之一的，人民法院应当认定公证机构有过错：

（一）为不真实、不合法的事项出具公证书的；

（二）毁损、篡改公证书或者公证档案的；

（三）泄露在执业活动中知悉的商业秘密或者个人隐私的；

（四）违反公证程序、办证规则以及国务院司法行政部门制定的行业规范出具公证书的；

（五）公证机构在公证过程中未尽到充分的审查、核实义务，致使公证书错误或者不真实的；

（六）对存在错误的公证书，经当事人、公证事项的利害关系人申请仍不予纠正或者补正的；

（七）其他违反法律、法规、国务院司法行政部门强制性规定的情形。

第五条 当事人提供虚假证明材料申请公证致使公证书错误造成他人损失的，当事人应当承担赔偿责任。公证机构依法尽到审查、核实义务的，不承担赔偿责任；未依法尽到审查、核实义务的，应当承担与其过错相应的补充赔偿责任；明知公证证明的材料虚假或者与当事人恶意串通的，承担连带赔偿责任。

第六条 当事人、公证事项的利害关系人明知公证机构所出具的公证书不真实、不合法而仍然使用造成自己损失，请求公证机构承担赔偿责任的，人民法院不予支持。

第七条 本规定施行后，涉及公证活动的民事案件尚未终审的，适用本规定；本规定施行前已经终审，当事人申请再审或者按照审判监督程序决定再审的，不适用本规定。

依法规范公证活动　促进社会和谐发展

——最高人民法院研究室与司法部律师公证工作指导司负责人答记者问

最高人民法院于近日发布了《最高人民法院关于审理涉及公证活动相关民事案件的若干规定》（以下简称《规定》），自2014年6月6日起施行。就如何正确理解适用和贯彻落实好《规定》，最高人民法院研究室与司法部律师公证工作指导司负责人就相关问题回答了记者提问。

问：请谈谈《规定》的起草背景和经过。

答：《公证法》明确了公证机构作为独立民事责任主体的法律地位。该法第四十条、第四十三条、第四十四条分别从不同方面对公证民事责任问题进一步作出规定，为人民法院依法审理涉及公证的民事案件提供了法律依据。

然而，由于《公证法》规定较为原则，在实施过程中遇到了一些问题，主要表现在以下方面：（1）公证机构及公证员的过错认定标准有待进一步界定；（2）公证机构承担的损害赔偿责任有待进一步明确；（3）当事人、公证事项的利害关系人能否就公证书的效力单独提起诉讼的问题，有待进一步统一认识。

为更好地贯彻执行《公证法》的有关规定，预防纠纷，促进和谐，最高人民法院及时启动了《规定》的制定工作。经深入调研，广泛征求意见，反复研究论证，完成了起草工作。2014年4月28日，最高人民法院审判委员会第1614次会议讨论通过了《规定》。

问：请谈谈《规定》的主要内容。

答：《规定》共七条，主要包括如下内容：一是明确了公证损害责任纠纷的被告以及责任性质；二是明确规定当事人、公证事项的利害关系人起诉请求变更、撤销公证书或者确认公证书无效的，人民法院不予受理，告知其向出具公证书的公证机构提出复查；三是明确了公证书作出以后，当事人、公证事项的利害关系人就公证书所公证的民事权利义务有争议的，可以向人民法院提起诉讼；四是明确了公证损害责任纠纷中对公证机构的过错认定标准；五是明确了当事人提供虚假证明材料申请公证致使公证书错误造成他人损失的，公证机构应如何承担责任的问题。

问：请谈谈《规定》对公证机构及公证员的过错认定标准。

答：根据《公证法》第四十三条规定，公证损害赔偿责任采用过错责任的归责原则。因此，如何确定公证机构在公证活动中存在过错，是认定公证机构承担损害赔偿责任的核心要件，也是人民法院审理公证损害赔偿案件的主要考虑因素。鉴于此，《规定》第四条结合《公证法》、《公证程序规则》的相关规定，明确规定：当事人、公证事项的利害关系人提供证据证明公证机构及其公证员在公证活动中具有下列情形之一的，人民法院应当认定公证机构有过错：（一）为不真实、不合法的事项出具公证书的；（二）毁损、篡改公证书或者公证档案的；（三）泄露在执业活动中知悉的商业秘密或者个人隐私的；（四）违反公证程序、办证规则以及国务院司法行政部门制定的行业规范出具公证书的；（五）公证机构在公证过程中未尽到充分的审查、核实义务，致使公证书错误或者不真实的；（六）对存在错误的公证书，经当事人、公证事项的利害关系人申请仍不予纠正或者补正的；（七）其他违反法律、法规、国务院司法行政部门强制性规定的情形。

问：请谈谈《规定》对当事人提供虚假证明材料申请公证，导致公证机构出具错误公证书造成他人损失的，公证机构应当如何承担损害赔偿责任的规定。

答：当事人提供虚假证明材料申请公证，导致公证机构出具错误公证书造成他人损失的，当事人应当基于其过错承担赔偿责任，对此，没有不同意见。但是，对于出具公证书的公证机构是否要对他人的损失承担赔偿责任，以及如何承担责任的问题，实践中认识不一致。鉴于此，《规定》第五条明确规定，公证机构依法尽到审查、核实义务的，不承担赔偿责任；未依法尽到审查、核实义务的，应当承担与其过错相应的补充赔偿责任；明知公证证明的材料虚假或者与当事人恶意串通的，承担连带赔偿责任。

问：请谈谈《规定》对当事人、公证事项的利害关系人就公证书的效力单独提起诉讼的规定。

答：实践中，当事人、公证事项的利害关系人认为公证书有错误的，能否向法院请求变更、撤销公证书或者确认公证书无效，有不同的认识。鉴于此，《规定》第二条明确规定，当事人、公证事项的利害关系人起诉请求变更、撤销公证书或者确认公证书无效的，人民法院不予受理，告知其依照公证法第三十九条规定可以向出具公证书的公证机构提出复查。经复查，公证书的内容违法或者与事实不符的，公证机构应当撤销该公证书并予以公告，该公证书自始无效；公证书有其他错误的，公证机构应当予以更正。

问：请谈谈《规定》的出台将对公证行业产生的影响。

答：《规定》的出台，对于进一步完善公证制度、深入贯彻实施《公证法》、促进公证事业健康发展具有重要意义。首先，《规定》进一步完善了公证制度。厘清了《公证法》第四十条与第三十七条之间的关系，明确规定了公证执业过错的具体情形，合理确定了公证机构的赔偿责任等，使《公证法》更具可操作性；其次，《规定》为公证机构及公证员依法执业提供了指引。有助于公证机构及公证员正确理解和把握公证执业准则，进一步规范执业行为，勤勉尽职履责，最大限度的避免或者减少赔偿责任风险，促进公证行业健康发展；再次，《规定》明确了当事人提供虚假证明材料的民事责任。有助于规范和约束当事人的举证行为，督促其正确履行举证责任，降低由此给公证执业活动带来的责任风险。

问：请谈谈如何推动公证行业贯彻落实《规定》。

答：司法部拟于近日下发通知，就全国公证行业学习贯彻《规定》作出部署和安排，要求各地通过专题培训、座谈研讨、案例分析等方式，认真学习领会《规定》的内容，使每一名公证执业人员和公证管理人员真正理解司法解释的内涵和要求，切实将《规定》贯彻落实到公证工作之中，进一步规范公证执业行为，健全完善各项公证管理制度，促进公证事业持续健康发展。

解读——
《最高人民法院关于审理涉及公证活动相关民事案件的若干规定》

郭 锋 吴兆祥 陈朝仑 司艳丽*

为正确审理涉及公证活动相关民事案件，维护当事人的合法权益，2014年4月28日，最高人民法院审判委员会第1614次会议讨论通过了《最高人民法院关于审理涉及公证活动相关民事案件的若干规定》（以下简称《规定》）。该《规定》自2014年6月6日起施行。现对《规定》的起草背景、主要内容作一简要说明。

一、《规定》的起草背景

自公证法施行以来，人民法院依法审理了一定数量的涉及公证活动的相关民事案件。由于公证法对公证机构承担民事责任的规定比较原则，各地法院在司法实践中对涉及公证活动相关民事案件的责任认定及责任分配等问题还存在一些不同的认识，导致裁判标准和裁判结果不统一。

2011年8月，司法部致函最高人民法院，提出制定公证民事责任相关司法解释的立项建议。2012年，在全国政协十一届五次会议上，段正坤等六位委员联名提出《关于制定公证民事责任相关司法解释的提案》，建议最高人民法院制定司法解释。经研究认为，制定公证民事责任相关司法解释，有助于正确理解和适用法律，统一裁判标准，更好地规范和指导人民法院依法审理相关案件，对保障当事人合法权益、促进公证事业健康发展很有必要，故将制定相关司法解释的工作列入了最高人民法院2012年度司法解释立项计划，由研究室承担起草任务。

2012年9月，研究室在对前期资料准备和相关案例研究的基础上，起草完成了《关于审理公证损害责任纠纷案件适用法律若干问题的解释

* 作者单位：最高人民法院研究室。

（讨论稿）》（第一稿）。2012 年 9 月至 2013 年 3 月，研究室与司法部律师公证工作指导司共同在上海、天津、广西进行了三次专题调研，组织地方三级法院部分法官和一线公证员对该司法解释讨论稿共同研究讨论，形成司法解释稿（第二稿）。2013 年 5 月至 6 月，研究室征求了本院立案一庭、立案二庭、民一庭、民二庭、民三庭、民四庭、审监庭及执行局等八个部门的意见。在汇总研究反馈意见的基础上，形成了司法解释稿（第三稿）。2013 年 7 月，研究室与司法部律师公证工作指导司共同在广东、北京进行了二次专题论证会，经反复研究论证，形成了《关于审理涉及公证机构在公证活动中民事侵权案件的若干规定（征求意见稿）》（第四稿），并分别征求了全国人大常委会法工委、最高人民检察院、司法部、国务院法制办、中华全国律师协会、中国公证协会等单位的意见。在综合上述各方面意见的基础上，经认真研究修改，形成了送审稿。2014 年 4 月 28 日，最高人民法院审判委员会第 1614 次会议讨论通过了送审稿。

二、《规定》的主要内容

（一）关于公证损害责任的性质

公证损害责任，是指公证机构及其公证员在履行公证职务的过程中，给当事人或者公证事项的利害关系人造成损失的，公证机构应当承担的损害赔偿责任。关于公证损害责任的性质，有两种观点：一种观点认为，公证损害责任属于侵权责任；另一种观点认为，公证损害责任属于违约责任。

经研究，《规定》第一条明确规定公证损害责任属于侵权责任。理由：第一，案由是确定责任性质的重要依据之一。“公证损害赔偿纠纷”，曾在 2008 年《民事案件案由规定》的“第四部分　债权纠纷”中列在“十、合同纠纷”之后，作为第二级案由“特殊类型侵权纠纷”之下的第三级案由。2011 年修改后的《民事案件案由规定》中，其名称修改为“公证损害责任纠纷”，仍保留为第三级案由，但置于侵权责任纠纷之下。第二，公证损害责任与用人单位责任具有一定的相似性，都属于单位为其工作人员的行为承担责任，在性质上都具有替代责任的特点，属于为他人的行为所致损害负有的侵权赔偿责任形态。第三，地方法院出台的相关文件和裁判的相关案例大都将公证损害责任定性为侵权责任。

（二）关于公证损害责任纠纷的被告

关于公证损害责任纠纷的被告，无论在学术界还是实务界，都存在争议，大致有共同被告说、特定情形下共同被告说、否定共同被告说三种观点。因此，有必要对此问题进行深入论证，进一步厘清分歧，以期形成共识。

一是共同被告说。在《规定》起草过程中，曾广泛征求全国人大常委会法工委、最高人民检察院、国务院法制办、司法部、中华全国律师协会、中国公证协会等相关部门的意见，亦得到了积极回应，获得了来自不同角度的宝贵意见。比如，中华全国律师协会在回函中就提到了如下具体意见：《规定》是根据侵权责任法和公证法作出的，在公证法第四十三条中，侵权行为的主体包括公证机构和公证员，《规定》确定的侵权责任主体范围不应小于法律既有规定。有支持此观点的学界人士认为，原告（当事人或公证事项的利害关系人）有权选择将公证员与公证机构共同罗列为被告，这有助于最大限度保护原告的合法权益。

二是特定情形下共同被告说。《规定》在最高人民法院内部征求意见时，有关庭室对公证员是否应作为公证损害责任纠纷的共同被告，提出了如下意见：一般情况下，应将公证机构作为责任主体。但是，建议考虑是否有必要参考《最高人民法院关于审理涉及会计师事务所在审计业务活动中民事侵权赔偿案件的若干规定》第五条的规定，明确特定情形下公证员与公证机构的连带责任。

三是否定共同被告说。该观点认为，公证法第四十三条关于“公证机构及其公证员因过错给当事人、公证事项的利害关系人造成损失的，由公证机构承担相应的赔偿责任”的内容已经明确了公证损害责任纠纷的责任主体，如果在公证损害责任纠纷中将公证员与公证机构罗列为共同被告，容易造成实务操作与现行法律规定精神适用上的冲突。公证法实行机构本位制，根据公证法第六条、第十六条和第四十三条的规定，公证员是公证机构内部执业人员，对外承担责任的主体为公证机构。公证员在履行职务过程中存在过错的，可以依据公证法的相关规定进行处分、追责，而不能直接要求其对当事人、公证事项的利害关系人承担损害赔偿责任。因此，将公证员作为承担民事侵权责任的主体，与法律规定相违背。

经研究，《规定》第一条采纳了第三种观点。依据公证法第四十三条的规定，对受损害的当事人、公证事项的利害关系人而言，公证机构是责任主体，公证员不是责任主体。公证员作为从事公证业务的执业人员，实施的公证活动代表其所在的公证机构，属于职务行为。因此，公证员不能成为公证法律关系中对外直接承担民事责任的主体，其因过错给当事人、公证事项的利害关系人造成损失的，应由公证机构承担赔偿责任，公证机构赔偿后，可以向有故意或者重大过失的公证员追偿。故公证损害责任纠纷的被告只能是公证机构，而不应包括公证员。

需要注意的是，实践中，当事人、公证事项的利害关系人为了最大程度保护自己的合法权益，往往采用多列被告的方式，将公证机构与公证员一并起诉。对此情况，人民法院应当向原告释明；原告坚持不予变更的，人民法院应当裁定驳回原告对公证员的起诉。

（三）关于就公证书的效力能否单独提起诉讼的问题

当事人、公证事项的利害关系人能否就公证书的效力单独提起民事诉讼，即当事人、公证事项的利害关系人是否可以通过民事诉讼的方式请求人民法院变更、撤销公证书或者确认公证书无效，在学术界和实务界有肯定说和否定说之争。

肯定说认为，第一，该类诉讼是发生在当事人、公证事项的利害关系人与公证机构之间的诉讼，可以以公证机构为被告向法院提起民事诉讼，诉讼标的是公证书的内容，属于确认之诉。虽然民事诉讼法未就此专门作出规定，但只要是民事争议，符合民事诉讼法第一百一十九条规定的条件，人民法院均应受理，法院可依不同情形作出撤销或者维持原公证书效力的裁判。第二，从维护社会公平和公正的角度来说，一切法律行为包括公证行为都可以被纳入到司法机关的审查和评判之中去，只有这样，才能使社会评价具有相对统一的标准和结论，有利于维护法律的严肃性和效力。第三，当事人就公证书的效力单独提起民事诉讼是有法可依的。公证法第四十条规定，当事人、公证事项的利害关系人对公证书的内容有争议的，可以就该争议向人民法院提起民事诉讼。公证书的内容有争议是导致公证书错误的原因，二者有着必然的因果关系。因此，依照公证法第四十条的规定，人民法院应当受理相关诉讼。

否定说认为，第一，当事人、公证事项的利害关系人认为公证书有错误的，可以向出具该公证书的公证机构提出复查，这是针对公证书错误的情形下，法律对当事人作出的权利救济途径，虽然排除了当事人可以向人民法院直接起诉的可能，但是符合公证文书只是民事证据的属性。第二，人民法院受理民事纠纷，针对的是当事人之间民事权利义务产生的争议，而不是对争议涉及的某个证据进行裁判。当事人、公证事项的利害关系人对公证机构出具的公证书有异议，其实是认为公证书证明的事实对他们之间的权利义务关系产生了不当影响。当事人、公证事项的利害关系人可以就该争议提起民事诉讼，仅是公证书的撤销与否，没有起诉的必要性。第三，公证法第四十条规定“对公证书的内容有争议可以提起民事诉讼”，是指当事人之间以及当事人、公证事项的利害关系人之间关于民事实体权利义务的争议，而不包括当事人、公证事项的利害关系人与公证机构之间就公证书的效力而产生的争议。

经研究，《规定》第二条明确规定：当事人、公证事项的利害关系人起诉请求变更、撤销公证书或者确认公证书无效的，人民法院不予受理。主要基于以下考虑：第一，将公证效力的认定作为一个单独的民事诉讼缺少法律依据。国外没有立法例，民事诉讼法也没有规定。第二，公证书是对原已存在的法律关系或法律事实采用公证的形式所进行的固定，只是一项证据，不需要单独对其效力进行认定。如果没有相反证据推翻公证书所证明的事项，公证书作为可采信的证据使用；如果有相反证据足以推翻公证书认定的事实，人民法院应依据上述证据对相关事实予以认定，公证书在该案件中不具有证明效力。当事人、公证事项的利害关系人可以依据人民法院生效裁判文书向公证机构申请撤销或者变更公证书。第三，人民法院受理民事纠纷，是通过对法律事实真伪的确认，解决当事人之间的民事权利义务争议，而不是对争议涉及的某个证据进行客观事实真伪的确认。第四，人民法院即使受理了当事人、公证事项的利害关系人以公证机构为被告而提起的变更、撤销公证书或者确认公证书无效的诉讼请求并作出相应的裁决，也不能解决当事人、公证事项利害关系人之间的争议。之后，仍需再提起一个以当事人为被告的诉讼才能最终解决争议，两次诉讼亦不符合诉讼经济原则。基于此，《规定》第二条规定，当事人、公证事项的利害关系人起诉请求变更、撤销公证书或者确认公证书无效的，人民法院不予受理，告知其依照公证法第三十九条规定可以向出具公证书的公证机构提出复查。

需要进一步明确的是，当事人、公证事项的利害关系人依据公证法第三十九条和《规定》第二条向公证机构提出复查的，如果对公证机构的复查决定不服，能否提起诉讼？有肯定说和否定说两种观点。肯定说认为，法律对此问题没有明确规定，但规定不明确不等于人民法院不受理。如果公证机构在这种情形下不能成为适格的被告，人民法院就无法对公证的合法性、真实性进行审查，公证权将可能成为不受监督的法外之权。否定说认为，《公证程序规则》第六十七条规定，当事人、公证事项的利害关系人对公证机构作出的撤销公证书的决定有异议的，可以向地方公证协会投诉。经研究，我们认同否定说的观点，即当事人、公证事项的利害关系人对公证机构的复查决定不服的，不能以公证机构为被告提起确认公证书效力的诉讼。但是，需要说明的是，当事人、公证事项的利害关系人对公证机构的复查决定不服，并且认为公证机构确有过错而造成其损失的，可以依照公证法第四十三条规定提起公证损害赔偿之诉。

（四）关于如何确定“公证书的内容有争议”的范围

公证法第四十条规定：“当事人、公证事项的利害关系人对公证书的内容有争议的，可以就该争议向人民法院提起民事诉讼。”实践中，对该条的调整范围理解不一。一种意见认为，“对公证书的内容有争议”，是指当事人之间以及当事人与利害关系人之间对民事实体权利义务的争议；另一种意见认为，“对公证书的内容有争议”，不仅包括当事人之间以及当事人与利害关系人之间对民事实体权利义务的争议，而且包括当事人、公证事项的利害关系人与公证机构之间产生的争议。

经研究，我们同意第一种意见，并且在《规定》第三条第一款对“公证书的内容”作了更细化的规定。我们认为，公证法第四十条解决的是公证书作出以后，当事人、公证事项的利害关系人就公证书所公证的内容有争议的，还能不能通过诉讼来解决的问题，而不涉及公证书有错误要求公证机构更正或者撤销的问题。若当事人、公证事项的利害关系人认为公证书有错误的，可以依据公证法第三十九条的规定向出具该公证书的公证机构提出复查；若当事人、公证事项的利害关系人认为公证机构及其公证员因过错对其造成损失的，可以依据公证法第四十三条的规定提起损害赔偿之诉。因此，公证法第四十条规定的“对公证书的内容有争议”，是指公证之后，当事人、公证事项的利害关系人就公证书所公证的事项而发生的民事实体权利义务争议，而不是公证书真伪以及有关公证书中单纯的事实（如出生、生存、死亡、身份、经历、学历、学位、职务、职称、有无违法犯罪记录等）存在与否的争议。比如，当事人签订了一份买卖合同并办理了公证，之后，双方就付款的条件、时间以及违约金的承担发生了争议。这种争议就是当事人、公证事项利害关系人之间对民事实体权利义务的争议。

需要说明的是，在《规定》起草过程中，有意见认为，《规定》第三条第一款明确规定：“当事人、公证事项的利害关系人对公证书所公证的民事权利义务有争议的，可以依照公证法第四十条规定就该争议向人民法院提起民事诉讼。”该规定是否意味着否定了《最高人民法院关于当事人对具有强制执行效力的公证债权文书的内容有争议提起诉讼人民法院是否受理问题的批复》（以下简称《批复》）的效力？为消除误解，厘清《规定》第三条第一款与《批复》之间的关系，经研究，将《批复》内容作为特别规定写进《规定》第三条第二款。

（五）关于公证损害责任的归责原则和过错认定

1. 关于公证损害责任的归责原则

在《规定》起草过程中，公证损害责任的归责原则是适用过错责任还是过错推定责任，存在争议。主张适用过错推定责任的主要理由在于：第一，根据相关法律和司法解释的规定，会计师事务所承担的责任适用过错推定责任归责原则，而公证机构与会计师事务所均属于提供专业服务的中介机构，两者在性质上具有共通之处，在民事责任的承担上也应当采用相同的归责原则。第二，有利于解决当事人、公证事项的利害关系人举证难的问题。在办理公证的过程中，公证员是否尽到了相应的注意义务，只有公证员自己最清楚，当事人、公证事项的利害关系人无从知晓。如依过错责任原则，由当事人、公证事项的利害关系人举证证明公证员在办证过程中存在过错，非常困难。第三，过错责任与过错推定责任的区别在于举证责任不同，公证法虽规定了过错责任原则，但对过错的举证责任分配未予规定，公证损害责任适用过错推定责任原则并不违背公证法。

经研究，没有采纳上述观点。我们认为，公证损害责任应适用过错责任原则。第一，公证损害责任适用过错责任原则，符合公证法第四十三条第一款的文义。该款规定的“公证机构及其公证员因过错给当事人、公证事项的利害关系人造成损失的，由公证机构承担相应的赔偿责任”完全符合侵权责任法第六条第一款关于过错责任原则的规定，而没有任何“根据法律规定推定行为人有过错，行为人不能证明自己没有过错的，应当承担侵权责任”的过错推定责任原则的意思。第二，公证机构对于公证对象只能起合理的保证作用，而非绝对的保证作用。基于利益平衡的考虑，适用过错责任原则，同时依据一定的客观标准来认定公证机构的过错，能够做到对当事人、公证事项的利害关系人与公证机构的平衡保护。第三，虽然公证机构也属于提供服务的专业机构，但公证机构是“不以营利为目的的证明机构”，其收费费率亦远低于律师事务所、会计师事务所等商业性的专业中介服务机构，不宜要求其承担过重的赔偿责任。

2. 关于公证损害责任的过错认定

既然公证损害责任适用过错责任归责原则，那么，“过错”是确定公证机构是否承担侵权责任的核心要件，也是人民法院审理公证损害责任纠纷的主要考虑因素。因此，过错的认定至关重要。对于过错的认定，有主观过错说和客观过错说。我们认为，无论是主观过错说还是客观过错说，过错认定都应当采取客观化的判断标准：即是否依法履行了审查核实义务，是否严格按照法律、法规及规章的规定出具了公证书。依据这一标准，《规定》第四条采取了列举加兜底条款的表述方式，列举了七种认定公证机构过错的情形：为不真实、不合法的事项出具公证书的；毁损、篡改公证书或者公证档案的；泄露在执业活动中知悉的商业秘密或者个人隐私的；违反公证程序、办证规则以及国务院司法行政部门制定的行业规范出具公证书的；公证机构在公证过程中未尽到充分的审查、核实义务，致使公证书错误或者不真实的；对存在错误的公证书，经当事人、公证事项的利害关系人申请仍不予纠正或者补正的；其他违反法律、法规、国务院司法行政部门强制性规定的情形。

（六）关于当事人提供虚假证明材料，当事人与公证机构应如何承担损害赔偿责任的问题

当事人提供的材料是正确办理公证的前提条件。因此，申请办理公证的当事人应当向公证机构如实说明申请公证事项的有关情况，并且提供的证明材料应当真实、合法、充分。但是，实践中，一些当事人为了谋取不法利益而提供虚假证明材料骗取公证书的现象时有发生，严重损害了他人的合法权益。因此，有必要对这种行为予以规制，合理分配当事人与公证机构之间的责任。《规定》第五条对此进行了明确规定。

1. 当事人提供虚假证明材料，应承担赔偿责任

公证的真实性很大程度上取决于证明材料的真实性。公证是当事人自愿申请的，证明材料也主要由当事人提供，当事人对所提供材料的真实性、合法性理应负有责任。在办理公证的过程中，无论公证机构有没有过错以及是否承担责任，都不妨碍追究当事人的责任。只要当事人提供虚假证明材料申请公证致使公证书错误造成他人损失的，就应承担全部赔偿责任。

在起草过程中，曾规定："当事人隐瞒真实情况、提供虚假或错误材料……"经研究认为，隐瞒真实情况的目的是为了提供虚假材料，提供虚假材料是隐瞒真实情况的客观表现，因此，没必要将二者并列。另外，我们认为，当事人提供错误材料的原因有很多，既可能是基于当事人自己的原因故意提供错误的材料，也可能是基于第三方的原因提供了错误材料，如果一概要求当事人对受害人的损失承担全部赔偿责任，将对当事人不公平。基于此，我们删除了"当事人提供错误材料……"

2. 公证机构依法尽到审查、核实义务的，不承担赔偿责任

公证损害责任适用过错责任归责原则，无过错无责任，有过错有责任。当事人提供虚假证明材料申请公

证，公证机构依法尽到审查、核实义务的，不承担赔偿责任。在《规定》出台之前，一些地方法院的文件或者判决也体现了这种精神。比如，上海市高级人民法院制定的《关于涉及公证民事诉讼若干问题的解答》规定“因当事人提供虚假材料，故意隐瞒真实情况，导致公证机构作出错误公证文书的，经审查，如果公证机构已经尽到充分的审查、核实义务，仍无法避免错误出现的，公证申请人应当承担全部赔偿责任，公证机构不需要承担责任”。在《规定》起草过程中，有人建议采纳上海高院的做法，规定“公证机构依法尽到充分的审查、核实义务，不承担赔偿责任”。我们认为，“充分”在实践中很难衡量。因此，规定“公证机构依法尽到审查、核实义务的，不承担赔偿责任”，即公证机构按照相关法律法规、公证程序、办证规则以及国务院司法行政部门制定的行业规范的要求履行审查、核实义务的，不承担赔偿责任。

3. 公证机构未依法尽到审查、核实义务的，应当承担与其过错相应的补充赔偿责任

在《规定》起草过程中，对于当事人提供虚假证明材料致使公证书错误造成他人损失，公证机构未依法尽到审查、核实义务的，公证机构应如何承担赔偿责任的问题，有三种观点：

一是公证机构承担相应的补充赔偿责任。理由：第一，侵权责任法虽然只是列举了三种承担补充责任的典型情形，但并不影响法律和司法解释中规定承担补充责任的其他情形。如《最高人民法院关于审理涉及会计师事务所在审计业务活动中民事侵权赔偿案件的若干规定》就规定了补充责任。第二，当事人提供虚假材料致使公证机构出具错误公证书造成公证事项利害关系人损失的，当事人作为直接侵权人，应承担全部责任；公证机构作为间接侵权人，应承担相应的责任。第三，目前，地方法院在审理此类案件时大都认定公证机构在此情形下承担相应的补充责任。司法解释应当总结实践经验并为其提供法律依据。

二是公证机构应当承担赔偿责任。理由：为更好地保护受害人的合法权益，建议参照物权法第二十一条第二款“因登记错误，给他人造成损害的，登记机构应当承担赔偿责任。登记机构赔偿后，可以向造成登记错误的人追偿”的规定，明确公

证机构先承担赔偿责任，赔偿之后可以向造成公证错误的当事人追偿。

三是公证机构承担相应的赔偿责任。理由：第一，侵权责任法仅在第三十四条、第三十七条、第四十条规定了“补充责任”，作为几种特定情形下法定的承担责任方式。而公证机构的民事责任只是一般的民事责任形态，对民事责任的设定，在立法上予以规定更为妥当。第二，关于第二种观点，确实有利于保护受损害人的合法权益，而且在实践中比较容易操作。但是，这可能导致当事人与公证事项的利害关系人恶意串通而引发道德风险。第三，当事人提供虚假证明材料而公证机构未依法履行审查核实义务的，属于侵权责任法第十二条规定的按份责任的情形，公证机构应承担相应的赔偿责任。并且，调研中也有相当一部分法官认为，规定相应的责任即能够解决问题，由法官自由裁量更符合实际。

经认真研究，我们采纳了第一种观点。即当事人提供虚假证明材料致使公证书错误造成他人损失，公证机构未依法尽到审查、核实义务的，公证机构承担与其过错相应的补充赔偿责任。准确把握“相应的补充赔偿责任”，要注意以下几点：第一，当事人与公证机构之间在承担责任上有先后顺序，当事人是第一顺序责任人，公证机构是第二顺序责任人，如果作为第一顺序责任人承担了全部责任，则后一顺序责任人就不必承担责任。第二，“相应的补充责任”是与“完全的补充责任”相对应的。“完全的补充责任”是指只要是第一责任人不能承担的部分，补充责任人就应承担。而“相应的补充责任”是对补充责任人承担补充责任的一种限制，补充责任人承担的责任不能超过其应承担的“相应的”部分，而不是第一责任人不能承担的全部。第三，所谓“相应”，是指与“公证机构的过错程度”相应。公证机构未依法履行审查、核实义务的，即有过错，人民法院根据其过错程度具体确定公证机构承担的责任大小。第四，在执行过程中，人民法院应首先对当事人采取执行措施，查封、扣押、冻结当事人的财产，当事人下落不明或者其财产不足以清偿债务时，人民法院才能对公证机构采取执行措施，以体现出承担责任的先后顺序。

4. 公证机构明知公证证明的材料虚假或者与当事人恶意串通的，承担连带赔偿责任

公证机构作为证明机构，其任务

是依据事实和法律证明法律行为和法律意义的事件、文书的真实性、合法性。公证机构出具的公证文书具有法律上的效力，其目的在于预防纠纷，保护当事人的合法权益。如果公证机构明知当事人提供的材料虚假而故意出具错误的公证书或者与当事人恶意串通出具错误的公证书，不仅不能预防纠纷，反而制造更多的纠纷，损害他人的合法权益。在此种情况下，公证机构与当事人构成共同侵权，应对他人的损失承担连带责任。

（七）关于公证机构的免责事由

如何准确理解与适用公证损害责任的免责事由，是公证损害责任纠纷的难点问题。《规定》第六条明确了公证损害责任的免责事由，即：当事人、公证事项的利害关系人明知公证机构所出具的公证书不真实、不合法而仍然使用造成自己损失，公证机构不承担赔偿责任。实践中，正确理解与适用本条规定，需要把握以下几点：

第一，关于“明知”的界定。“明知”是故意构成中的认识因素，是故意的重要表现形式。故意层面的“明知”是指对行为违法性以及危害后果的认识，也就是行为人认识到其行为会造成一定的危害后果。司法实践中，对于明知的证明，也往往需要通过举证有关的客观行为表现来实现。本条对于当事人、公证事项的利害关系人明知的对象规定得非常明确，不仅包括公证机构所出具的公证书不真实、不合法，而且包括对不真实、不合法的公证书进行使用会产生何种损害结果的认识。

第二，关于因果关系的界定。理论上，对于因果关系的认定有直接因果关系说、相当因果关系说、必然因果关系说。我们认为，当事人、公证事项的利害关系人明知公证机构所出具的公证书不真实、不合法而仍然使用造成自己损失，应当采取相当因果关系的规则，即当事人、公证事项的利害关系人明知公证机构所出具的公证书不真实、不合法而仍然使用与最终造成自己的损失具有相当因果关系，公证机构即可免责。否则，将会鼓励公证当事人知假用假甚至造假，引发道德风险。在本条规定情形下，虽然公证机构对形成不真实、不合法的公证书存在过错，但其过错并不必然导致损害结果的发生，并且公证机构的故意或过失与损害结果虽然有客观上的联系，但并无主观上的意思联络。因此，当事人、公证事项的利害关系人的“故意”，是其使用错误公证书造成损失的根本原因和直接原因。

第三，关于公证机构免责事由的举证责任问题。“谁主张，谁举证”是民事诉讼举证责任的一般规则。这对于公证损害责任纠纷同样适用。也就是说，公证机构主张其不承担责任的，应当对本条规定的免责事由，即对当事人、公证事项的利害关系人明知公证机构所出具的公证书不真实、不合法而仍然使用造成他们自身损失的事实承担相应的举证责任。如果没有证据或者证据不足以证明公证机构的事实主张的，则公证机构应当承担相应的不利后果。

【编者按】 2014年7月3日，最高人民法院举行新闻发布会，宣布决定设立专门的环境资源审判庭。环境资源专门审判机构的设立，对于促进和保障环境资源法律的全面正确施行，统一司法裁判尺度，切实维护人民群众环境权益，在全社会培育和树立尊重自然、顺应自然、保护自然的生态文明新理念，遏制环境形势的进一步恶化，提升我国在环境保护方面的国际形象等，必将产生积极而深远的影响。发布会公布了《最高人民法院关于全面加强环境资源审判工作为推进生态文明建设提供有力司法保障的意见》。该《意见》是当前和今后一个时期环境资源审判工作的重要指导性文件。发布会同时公布了涉及环境资源审判的9起典型案例。编辑将《意见》与典型案例编登于本辑《民事法律文件解读》，以供读者参考。

最高人民法院

关于全面加强环境资源审判工作为推进生态文明建设提供有力司法保障的意见

2014年6月23日　　法发〔2014〕11号

为深入贯彻党的十八大、十八届三中全会和习近平总书记系列重要讲话精神，充分发挥人民法院审判职能作用，为推进生态文明建设提供有力司法保障，现就全面加强人民法院环境资源审判工作，提出如下意见。

一、新形势下全面加强环境资源审判工作的重大意义

1. 全面加强环境资源审判工作是贯彻中央决定，推进生态文明建设的必然要求。当前，我国面临资源约束趋紧、环境污染严重、生态系统退化的严峻形势，已经影响到人民群众的生命健康和经济社会的可持续发展。为从源头上扭转生态环境恶化趋势，建设美丽中国，实现中华民族的永续发展，党的十八大把生态文明建设纳入中国特色社会主义事业五位一体总体布局。党的十八届三中全会作出的《中共中央关于全面深化改革若干重大问题的决定》进一步指出，要建设生态文明，必须建立系统完整的生态文明制度体系，用制度保护生态环境。习近平总书记强调，走向生态文明新时代，建设美丽中国，是实现中华民族伟大复兴的中国梦的重要内容。面对新的形势和任务，各级人民法院要认真学习中央关于加强生态文明建设的新思想、新论断，统一思想认识，全面加强环境资源审判工作，以法律的手段制裁污染环境、破坏生态等违法行为，切实保障自然资源和环境保护制度的落实，维护人民群众生命健康，促进社会和谐安定，推动经济社会可持续发展。

2. 全面加强环境资源审判工作是回应人民群众环境资源司法新期待，维护人民群众环境资源权益的必然要求。习近平总书记提出了“山水林田湖是一个生命共同体”“绿水青山就是金山银山”“人民对美好生活的向往，就是我们的奋斗目标”等一系列新思想新要求。随着经济的快速发展和物质生活水平的日益提高，广大人民群众的环境资源意识正在逐步增强，对于洁净的水源、清新的空气、安全的食品等良好生态环境和优质生态产品的需求越来越迫切，要求参与环境资源保护的呼声也越来越高。各级人民法院要积极回应人民群众对环境资源司法的新期待新要求，通过依法审理环境资源类案件，切实维护公众环境资源权益，为中华民族子孙后代永享优美宜居的生活空间、山清水秀的生态空间提供坚实的司法保障。

3. 全面加强环境资源审判工作是统一裁判尺度、保障环境资源法律正确实施的必然要求。民事诉讼法规定了环境公益诉讼制度，修订后的环境保护法大大强化了对生态环境的保护力度，进一步明确了环境公益诉讼主体范围，与其他环境资源保护法律一起形成了较为完善的环境资源保护法律体系，成为预防和惩治污染环境、破坏生态行为的有力法律武器。各级人民法院要认真学习、贯彻环境资源法律，深入研究环境资源审判规律，更新环境资源司法理念，规范环境资源审判程序，统一裁判尺度，通过优质高效的案件审理和执行工作，促进和保障环境资源法律的全面正确施行。

二、环境资源审判工作的指导思想、基本原则和目标任务

4. 指导思想。以党的十八大和十八届二中、三中全会精神为指导，认真学习贯彻习近平总书记系列重要讲话精神，深入贯彻中央关于全面深化改革的重大部署，紧紧围绕“让人民群众在每一个司法案件中都感受到公平正义”的目标，牢牢坚持司法为民、公正司法工作主线，切实贯彻节约资源和保护环境的基本国策，更加重视和全面加强环境资源审判工作，依法审理环境资源保护类案件，积极推进环境资源司法理论和制度研究，促进完善最严格的源头保护制度、损害赔偿制度、责任追究制度，为推进生态文明建设，增进人民福祉，建设美丽中国提供有力司法保障。

5. 基本原则。一要坚持依法保护。依照法律和行政法规的规定履行环境资源司法保护职责，切实维护人民群众环境资源权益。注意加强与检察机关、公安机关和环境资源保护行政执法机关的工作沟通，分工负责、各司其职、协调联动，共同扭转生态环境恶化趋势。二要坚持保护优先。积极创新审判机制和执行措施，按照环境资源保护优先的要求，加大对污染环境和破坏资源行为的惩处力度。三要坚持注重预防。在案件审理过程中积极采取司法措施预防、减少环境损害和资源破坏，通过事前预防措施降低环境风险发生的可能性及损害程度。四要坚持损害担责。落实全面赔偿规定，探索建立环境修复、惩罚性赔偿等制度，依法严肃追究违法者的法律责任。

6. 目标任务。环境资源纠纷司法救济渠道畅通；环境资源源头保护、损害赔偿、责任追究制度得到落实；环境公益诉讼、环境资源案件管辖等制度不断完善；环境资源刑事、民事、行政、执行等司法保护体系更加健全；环境资源法官队伍专业化水平和司法能力显著提高；环境资源审判工作全面加强，职能作用充分发挥。

三、充分发挥环境资源审判职能作用

7. 依法严惩污染环境、破坏资源犯罪。加大对涉及环境资源保护刑事案件的审判力度，依法严惩污染环境、乱砍滥伐、滥捕野生动物、乱采滥挖矿产资源、非法占用农用地、制污排污、非法处置进口固体废物、擅自进口固体废物等污染环境和破坏资源违法犯罪行为。严厉惩治环境监管失职犯罪。对造成环境污染严重后果的投放危险物质犯罪、重大安全责任事故犯罪，以及受害群

众较多的涉众型案件，积极配合有关部门做好善后处置工作，最大限度地维护人民群众的合法权益。

8. 依法审理环境资源民事案件。畅通司法救济渠道，完善司法便民措施，依法及时受理环境资源保护民事案件。妥善审理与土地、矿产、草场、林场、渔业、水、电、气、热力以及海洋等环境资源保护相关的物权、合同和侵权案件，特别要加强对污染土壤、污染水源等环境侵权案件的审理。对于涉及到矿业权、林权及其他自然资源权属的股权转让、承包、联营、出租、抵押等案件，要将保护生态环境和自然资源作为裁判的重要因素予以综合考量。充分发挥保全和先予执行措施的预防和减损作用，对于保全和先予执行申请，要及时受理、迅速审查、依法裁定、立即执行。依法确定当事人举证责任，对于因污染环境、破坏生态发生的纠纷，原告应当就存在污染行为和损害承担举证责任，并提交污染行为和损害之间可能存在因果关系的初步证据，被告应当就法律规定的不承担责任或者减轻责任的情形及其行为与损害之间不存在因果关系承担举证责任。

9. 依法审理环境资源行政案件。依法受理环境资源行政案件，充分保障当事人诉权。案件审理既要从程序上审查行政机关的执法程序是否合法，也要从实体上审查行政许可、行政处罚等行为是否符合法定标准，特别要加强对行政机关不履行查处违反环境资源保护法律法规行为职责案件的审理，督促行政机关依法履职。谨慎适用协调手段结案，最大限度保护行政相对人的合法权益以及社会公众的环境健康与安全。妥善审理山林权属纠纷及确权行政案件，促进健全自然资源资产产权制度，加强对土地、矿产、水源、森林等自然资源的保护。妥当处理因同一环境资源纠纷引发的民事诉讼与行政诉讼的关系，避免不同审判组织对同一行政行为作出矛盾认定。积极探索环境行政诉讼与民事诉讼的合并审理，不断完善环境行政诉讼证据规则和法律适用规则。

10. 加大环境资源案件执行力度。执行过程中积极争取环境资源保护行政执法机关的支持和配合，确保被执行人应承担的行政责任及民事责任落实到位。适当采取限期履行、代为履行等方式实现恢复生态环境的目的。创新执行方式，探索建立环境资源保护案件执行回访制度，密切监督判决后责任人对污染的治理、整改措施以及生态恢复是否落实到位。依法审查环境行政非诉案件，对环境资源保护行政执法机关依法申请人民法院强制执行生效行政处罚决定，人民法院经审查裁定准予强制执行的，应当及时组织实施强制执行。

四、大力推进环境民事公益诉讼

11. 充分保障法律规定的机关和有关组织的环境民事公益诉权。依照民事诉讼法、环境保护法和海洋环境保护法等有关法律规定，充分保障环境公益诉讼原告诉权，及时受理符合条件的公益诉讼。对于负有监督、管理、保护环境公共利益职责的海洋环境监督管理部门等机关依法提起的公益诉讼，以及符合环境保护法第五十八条规定的社会组织提起的公益诉讼，应当依法受理。同一污染环境、破坏生态行为既损害社会公共利益，又损害公民、法人和其他组织民事权益的，有关机关和组织提起公益诉讼，不影响受害人另行提起民事诉讼。

12. 依法确定环境民事公益诉讼的管辖法院。环境公益诉讼一般由侵权行为地或者被告住所地的中级人民法院管辖。同一原告或者不同原告对同一行为分别向两个或者两个以上有管辖权的人民法院提起环境公益诉讼的，由最先受理的人民法院管辖。共同上级人民法院也可以在有管辖权的法院中指定一个法院集中管辖。

13. 探索完善环境民事公益诉讼的审判程序。探索立案沟通协调机制，及时将环境公益诉讼起诉情况通报环境资源保护行政执法机关。探索建立受理公告制度，及时公告环境公益诉讼受理情况。对于审理案件需要的涉及社会公共利益的证据原告因客观原因无法取得的，可以依职权调取。对于原告承担举证责任的涉及社会公共利益的事实需要鉴定的，可以依职权委托鉴定。对于当事人达成的调解协议或者和解撤诉申请，应当特别注重审查是否损害国家利益、社会公共利益或者他人合法权益。对于需要采取强制执行措施的生效判决，可以依法移送执行。

14. 依法确定环境民事公益诉讼的责任方式和赔偿范围。人民法院审理环境公益诉讼案件，可以根据原告请求判令被告停止侵害、排除妨碍、消除危险、返还财产、恢复原状、赔偿损失。探索研究环境公益诉讼的赔偿范围及其与私益诉讼赔偿范围的关系。环境公益诉讼的原告请求被告赔偿预防损害发生或恢复环境费用、破坏自然资源等生态环境造成的损失以及合理的律师费、调查取证费、鉴定评估费等诉讼支出的，可以根据案件审理情况予以支持。探索设立环境公益诉讼专项基金，将环境赔偿金专款用于恢复环境、修复生态、维护环境公共利益；尚未设立基金的地方，可以与环境资源保护行政执法机关、政府财政部门等协商确定环境赔偿金的交付使用方式。

15. 探索构建合理的诉讼成本负担机制。加大对环境公益诉讼原告的司法救助力度，法律规定的机关和有关组织向人民法院依法申请缓交、减交或者免交案件受理费、保全申请费的，可以予以准许。合理确定诉讼费用的负担主体，在原告胜诉时，原告支出的合理的律师费、调查取证费、鉴定评估费等费用可以判令由被告承担。鼓励从环境公益诉讼基金中支付原告环境公益诉讼费用的做法，充分发挥环境公益诉讼主体维护环境公共利益的积极作用。

五、有序推进环境资源司法体制改革

16. 合理设立环境资源专门审判机构。本着确有需要、因地制宜、分步推进的原则，建立环境资源专门审判机构，为加强环境资源审判工作提供组织保障。高级人民法院要按照审判专业化的思路，理顺机构职能，合理分配审判资源，设立环境资源专门审判机构。中级人民法院应当在高级人民法院的统筹指导下，根据环境资源审判业务量，合理设立环境资源审判机构，案件数量不足的地方，可以设立环境资源合议庭。个别案件较多的基层人民法院经高级人民法院批准，也可以考虑设立环境资源审判机构。

17. 积极探索环境资源刑事、民事、行政案件归口审理。结合各地实际，积极探索环境资源刑事、民事、行政案件由环境资源专门审判机构归口审理，优化审判资源，实现环境资源案件的专业化审判。未实行环境资源案件归口审理的地方，要注重加强刑事、民事、行政审判机构之间的业务协调与沟通。

18. 探索建立与行政区划适当分离的环境资源案件管辖制度。逐步改变目前以行政区划分割自然形成的流域等生态系统的管辖模式，着眼于从水、空气等环境因素的自然属性出发，结合各地的环境资源案件量，探索设立以流域等生态系统或以生态功能区为单位的跨行政区划环境资源专门审判机构，实行对环境资源案件的集中管辖，有效审理跨行政区划污染等案件。

六、建立健全环境资源司法工作机制

19. 加强环境资源司法解释和调研工作。紧密结合我国环境资源司法保护需求，加强对环境资源司法保护新问题的法律适用和诉讼制度研究，借鉴国际环境资源司法保护的有益经验，适时就环境资源损害民事责任、环境民事公益诉讼、矿业权等环境资源纠纷适用法律问题制定司法解释。加强对碳排放交易、排污权交易、水权交易、新能源开发利用及环境服务相关纠纷等新课题的研究，待条件成熟时出台司法解释或者指导意见。积极参与环境资源立法，深入调研及时提出立法建议，推动环境资源法律体系的不断完善。

20. 充分发挥专家在环境资源审判工作中的作用。建立环境资源审判专家库，在审理重大疑难案件、研讨疑难专业问题、制定规范性文件时，充分听取专家意见。可以聘请环境资源领域的专家担任特邀调解员，运用专业技术知识促使当事人自觉认识错误，修复环境，赔偿损失。保障当事人要求专家出庭发表意见的权利，对于符合条件的申请及时通知专家出庭就鉴定意见和专业问题提出意见。

21. 加强环境资源保护职能部门之间的协调联动。加强环境资源审判机构与立案、执行和审判监督机构之间的工作衔接，加强上下级法院之间的信息通报和业务交流。充分运用司法建议促进环境执法。积极推动建立审判机关、检察机关、公安机关和环境资源保护行政执法机关之间的环境资源执法协调机制。加强与环境资源保护行政执法机关和司法鉴定主管部门的沟通，推动完善环境资源司法鉴定和损害结果评估机制。

七、加大环境资源司法公开和宣传力度

22. 加大环境资源审判公众参与和司法公开力度。积极回应人民群众参与环境资源保护意愿，在环境资源审判领域全面推行人民陪审员参与案件审理。自觉接受社会公众监督，推动建立中国环境资源裁判文书网，及时上网公开生效裁判文书。对于有重大影响的案件，邀请人大代表、政协委员、社会公众等旁听庭审，增强环境资源审判的公开性和公信力。

23. 加大环境资源司法保护宣传力度。充分运用传统媒体和微信、微博、新闻客户端等新媒体，通过公开审判、以案说法、发布环境资源司法重要新闻和典型案例等形式，宣传环境资源保护法律法规，提高公众环境资源保护意识。定期发布《中国环境资源审判白皮书》，增进社会公众对环境资源司法保护制度及保护状况的客观全面了解。

八、大力加强环境资源审判队伍建设

24. 加强环境资源审判队伍的思想政治建设。按照习近平总书记提出的“五个过硬”的标准，结合环境资源审判工作的政策性与专业性要求，强化队伍的政治意识、大局意识、群众意识、国情意识、稳定意识，确保环境资源审判工作为党和国家工作大局服务。

25. 加强环境资源审判队伍专业化建设。按照环境资源专业审判要求，适时引进人才，注重培养人才。加大环境资源审判队伍的培训力度，学习环境资源专业知识，研究审判疑难问题，更新司法理念，提升司法能力，努力打造一支政治强、业务精、素质高的专业化环境资源审判队伍。

26. 加强环境资源审判机构领导班子建设。选优配强环境资源审判机构领导班子，增强领导班子把握环境资源审判工作全局和破解环境资源保护实践难题的能力，提高领导班子集体决策能力和整体合力，形成讲政治、顾大局、有凝聚力、有战斗力的领导核心，为全面加强人民法院环境资源审判工作提供坚强的组织领导。

最高人民法院公布的
九起环境资源审判典型案例

（2014 年 7 月 3 日公布）

案例 1

中华环保联合会、贵阳公众环境教育中心与贵阳市乌当区定扒造纸厂水污染责任纠纷案

（一）基本案情

贵阳市乌当区定扒造纸厂（以下简称定扒纸厂）自 2003 年起经常将生产

废水偷偷排入南明河或超标排放锅炉废气，多次受到当地环境保护行政主管部门处罚。但该纸厂仍采取夜间偷排的方式逃避监管，向南明河排放污水。中华环保联合会、贵阳公众环境教育中心提起诉讼，请求判令定扒纸厂立即停排污水，消除危险并支付原告支出的合理费用。贵州省清镇市人民法院（以下简称清镇法院）受理案件的同时，即依原告申请采取了拍照、取样等证据保全措施，固定了证据，并裁定责令定扒纸厂立即停止排污。经法院委托贵阳市环境中心监测站对定扒纸厂排放的废水取样检测，废水中氨氮含量等指标均严重超过国家允许的排放标准，其排污口下游的南明河水属劣五类水质。经原告申请，法院协调由贵阳市两湖一库基金会从环境公益诉讼援助基金中先行垫付上述检测费用。清镇法院确定由一名审判员和两名环保专家担任人民陪审员共同组成合议庭。审理过程中，合议庭充分发挥专家作用，召开专家咨询委员会会议对被告的排污行为进行论证，依法采信了专家意见。该院还针对其他几家纸厂排污行为提出由环境保护行政主管部门对这些纸厂进行查处的司法建议，将南明河的污染问题一并解决。

（二）裁判结果

清镇法院一审认为，定扒纸厂取得的排污许可证载明，其能够排放的污染物仅为二氧化硫、烟尘等，不包含废水。但定扒纸厂却采取白天储存、夜间偷排的方式，利用溶洞向南明河排放严重超标工业废水，从直观上、实质上都对南明河产生了污染，严重危害了环境公共利益，故其应当承担侵权民事责任。清镇法院于 2011 年 1 月作出判决，判令定扒纸厂立即停止向南明河排放污水，消除对南明河产生的危害，并承担原告合理支出的律师费用及贵阳市两湖一库基金会垫付的检测费用。

（三）典型意义

为加大环境司法保护力度，贵阳市积极探索环境保护案件集中管辖和三审合一的模式，即由清镇法院生态保护法庭负责审理贵阳市辖区内所有涉及环境保护的刑事、行政、民事一审案件。本案被告地处贵阳市乌当区，清镇法院系按照上述环境污染案件跨行政区域管辖的规定受理并审理本案。本案审理中，合议庭在受理案件的同时保全证据，及时采取先予执行措施，协助原告申请环保基金垫付评估、鉴定、分析检测费用，依法采信专家意见，邀请环保专家担任人民陪审员，进行了一系列有益的探索。清镇法院还注意与环境保护行政主管部门协调联动，及时采取措施制止被告及其他纸厂的排污行为，使南明河的生态环境得到改善。

案例2

聂胜等149户辛庄村村民与平顶山天安煤业股份有限公司五矿等水污染责任纠纷案

（一）基本案情

自2003年6月起，聂胜等149户辛庄村村民因本村井水达不到饮用水的标准，而到附近村庄取水。聂胜等人以平顶山天安煤业股份有限公司五矿（以下简称五矿）、平顶山天安煤业股份有限公司六矿（以下简称六矿）、中平能化医疗集团总医院（以下简称总医院）排放的污水将地下水污染，造成井水不能饮用为由提起诉讼，请求判令三被告赔偿异地取水的误工损失等共计212.4万元。

（二）裁判结果

河南省平顶山市新华区人民法院一审认为，三被告排放生产、生活污水污染了辛庄村井水，导致聂胜等149户村民无法饮用而到别处取水，对此产生的误工损失，三被告应承担民事责任，判决三被告共同承担赔偿责任。双方不服上诉至平顶山市中级人民法院。二审庭审中，鉴定人员出庭接受质询，证明即便三被告排放的是达标污水，也肯定会含有一定的污染因子，五矿、六矿职工及家属排放的生活污水与五矿、六矿排放的生产污水只能按主次责任划分。二审法院依据鉴定报告及专家意见，结合二审查明的生产污水与生活污水对损害发生所起的主次作用以及五矿、六矿职工及其家属所排生活污水约占致损生活污水总排量的60%等事实，认定三被告对因其排放生产污水造成的本案误工损失共同承担40%的赔偿责任；五矿、六矿就其职工及家属排放生活污水造成的其余60%误工损失共同承担六成的赔偿责任。二审法院于2011年7月作出判决，判令五矿、六矿、总医院因排放生产污水共同赔偿聂胜等人误工费17.65万元，五矿、六矿因其职工及其家属排放生活污水共同赔偿聂胜等人误工费15.89万元。

（三）典型意义

本案系多方排污导致地下水污染，危害饮用水水源，严重威胁聂胜等人的身心健康。被告的生产、生活污水排入地下，且不能举证证明其排污行为与聂胜等人的损害之间不存在因果关系，一、二审法院认定三被告污染环境，应当承担民事责任并无不当。根据侵权责任法第六十五条和第六十六条的规定，污染者应对其污染行为造成的损害承担无过错责任，即使三被告排放的污染物达标，造成损害的，仍不能免除其民事责任。涉案地下水污染系多个责任主体、多个排污行为叠加所致，二审法院根据鉴定报告和专家意见，厘清了不同排污行为产生的主次责任以及被告承担责任的比例划分，进而作出了相应判决。

案例 3

上海市松江区叶榭镇人民政府与蒋荣祥等水污染责任纠纷案

（一）基本案情

浩盟车料（上海）有限公司（以下简称浩盟公司）、上海日新热镀锌有限公司（以下简称日新公司）与上海佳余化工有限公司（以下简称佳余公司）存在盐酸买卖关系，并委托佳余公司处理废酸。佳余公司委托未取得危险废物经营许可证的蒋荣祥从上述两公司运输和处理废酸。2011 年 2 月至 3 月期间，蒋荣祥多次指派其雇佣的驾驶员董胜振将从三公司收集的共计 6 车废酸倾倒至叶榭镇叶兴路红先河桥南侧的雨水井中，导致废酸经雨水井流入红先河，造成严重污染。污染事故发生后，上海市松江区叶榭镇人民政府（以下简称叶榭镇政府）为治理污染，拨款并委托松江区叶榭水务管理站对污染河道进行治理。经审计确认红先河河道污染治理工程款、清理管道污染淤泥工程款、土地征用及迁移补偿费、勘察设计费、合同公证及工程质量监理费、审计费等合计 887266 元。因本次污染事故，蒋荣祥、董胜振分别被判处有期徒刑二年和一年三个月，佳余公司、浩盟公司、日新公司分别被上海市环境保护局罚款 46 万元、16 万元、16 万元。叶榭镇政府提起诉讼，请求判令蒋荣祥、董胜振、佳余公司、浩盟公司、日新公司连带赔偿经济损失 887266 元。

（二）裁判结果

上海市松江区人民法院一审认为，本案中叶榭镇政府作为被污染河道的主管单位，有权对污染河道进行治理，也有权作为原告提起诉讼。蒋荣祥以营利为目的，在未取得危险废物经营许可证的情况下，指派其雇员将废酸倾倒至叶榭镇政府境内通向红先河的雨水井中，造成严重污染，应当承担民事赔偿责任。董胜振盲目听从蒋荣祥的指派，故意将废酸倒入雨水井中导致红先河严重污染，应当与其雇主蒋荣祥承担连带赔偿责任。佳余公司、浩盟公司、日新公司在生产过程中所产生的废酸属于危险废物，应向当地环境保护行政主管部门申报，并移交到有相应资质的单位进行处理。但上述三公司均未办理法定手续，擅自处理废酸，与此后红先河严重污染有直接的因果关系，对本次污染事故具有重大过错，理应与蒋荣祥承担连带赔偿责任，综合三公司运出并倾倒的废酸数量及佳余公司在本次事故中所起作用等因素，酌情确定各自对损害后果承担的赔偿责任比例。一审法院于 2012 年 6 月作出判决，判令蒋荣祥赔偿叶榭镇政府各项经济损失 887266 元，董胜振承担连带赔偿责任；佳余公司、浩盟公司、日新公司分别对蒋荣祥应当赔偿的款项承担 20%、65%、15% 的连带赔偿责任。

（三）典型意义

危险废物不但严重威胁人体健康，也会对人类赖以生存的生态环境造成巨大破坏，必须依法进行申报和处理。本案中，蒋荣祥在未取得危险废物经营许可证的情况下擅自倾倒废酸，致使红先河严重污染，应承担全部赔偿责任。董胜振作为蒋荣祥雇佣的驾驶员，对未经处理的废酸倾倒至雨水井可能造成的危害后果应当具有预见能力，但其盲目听从蒋荣祥的指派，故意将废酸倒入雨水井中，应与蒋荣祥承担连带赔偿责任。佳余公司、浩盟公司与日新公司未办理法定手续，擅自将废酸交由不具备资质的个人运输并排放，应根据各自违法处理危险废物的数量以及对事故发生所起作用等因素按份额与蒋荣祥共同承担责任。虽然环境保护行政主管部门已对上述三公司进行了行政罚款，蒋荣祥、董胜振也被处以刑罚，但均不能免除或减轻其民事赔偿责任。通过刑事责任、行政责任、民事责任三种责任方式的综合运用，提高污染者的违法成本，并对潜在的污染者形成有效震慑，达到防治危险废物污染的目的。

案例4

重庆市长寿区龙河镇盐井村1组与蒙城县利超运输有限公司等环境污染责任纠纷案

（一）基本案情

2010年7月6日，李勇驾驶杨玉文所有的牵引车与濮阳市汽车运输公司（以下简称濮阳公司）所有的重型罐式货车尾随相撞发生交通事故，造成杨玉文死亡、财产毁损，罐式货车所载的一甲胺溶液发生泄漏，产生环境污染。李勇承担此次事故的全部责任，濮阳公司的驾驶员不承担责任。上述牵引车系挂靠蒙城县利超运输有限公司（以下简称利超公司）、新余市广诚汽车运输有限责任公司（以下简称广诚公司）经营。此次交通事故泄露一甲胺溶液5.34吨，对当地鱼塘、农田造成污染。后政府职能部门对被污染的鱼塘和农田损失情况进行了实地测查，确认了相关损失。重庆市长寿区龙河镇盐井村1组（以下简称盐井村1组）提起诉讼，请求判令利超公司、广诚公司、李书芳等杨玉文遗属、濮阳公司连带赔偿因环境污染造成的财产损失7500元。

（二）裁判结果

重庆市长寿区人民法院一审认为，根据侵权责任法第六十八条之规定，环境污染者即使因第三人的过错造成他人损失，也不能免责，故濮阳公司应当承担环境污染的损害赔偿责任，其在赔偿后有权向有过错的其他责任人进行追偿。杨玉文一方在交通事故中负有全部责任，对于盐井村1组遭受的环境污染损害具有过错，也应承担赔偿责任。现杨玉文已经死亡，该债务发生在杨玉文与李书芳婚姻关系存续期间，故李书芳应当对该债务承担连带责任，杨爱芹等杨玉文的继承人应在继承杨玉文遗产的范围内承担赔偿责任。杨玉文所有的车辆，挂靠在利超公司、广诚公司名下，故该两公司应当承担补充赔偿责任。李勇系杨玉文雇佣的驾驶员，其在从事雇佣活动中造成他人损害的，依法应由雇主对外承担侵权责任。事故发生后，政府职能部门作出的损失情况统计表应予采纳。被告对污染行为与损害之间不存在因果关系未予举证证明，故对其辩解不予采信。一审法院于2011年12月作出判决，判令由濮阳公司、李书芳赔偿盐井村1组损失7500元；利超公司、广诚公司承担补充赔偿责任；杨爱芹等继承人在继承杨玉文遗产的范围内对前款债务承担清偿责任；驳回盐井村1组对李勇的诉讼请求。

（三）典型意义

本案系因交通事故导致有毒化学物质泄漏引起的环境污染责任纠纷，涉及不同法律关系的多方当事人。濮阳公司因第三人杨玉文方的过错造成了环境污染，被侵权人依法可以向污染者请求赔偿，也可以向第三人请求赔偿。本案中，盐井村1组同时以濮阳公司、杨玉文方为被告提起诉讼，一审法院予以受理并依法认定两被告应各自承担相应的责任，合法有据。污染者依法应对其污染行为造成的损害承担无过错责任，故濮阳公司不得以第三人过错造成损害为由拒绝赔偿，且该公司未能举证证明其行为与损害结果之间不存在因果关系，濮阳公司应当承担赔偿责任。濮阳公司赔偿后，有权向第三人追偿。因杨玉文方的过错发生交通事故，其过错行为与盐井村1组遭受的环境污染损害具有直接的因果关系，杨玉文方也应承担赔偿责任。

案例5

朱正茂、中华环保联合会与江阴港集装箱公司环境污染责任纠纷案

（一）基本案情

2004年上半年，江阴港集装箱公司（以下简称集装箱公司）未经环境保护行政主管部门环境影响评价和建设行政主管部门立项审批，自行增设铁矿石（粉）货种接卸作业。在作业过程中，该公司采用露天接卸，造成了铁矿石粉尘直接侵入周边居民住宅；采用冲洗方式处理散落在港区路面和港口外道路上的红色粉尘，形成的污水直接排入到周边河道和长江水域，并在河道中积淀，造成了周边环境大气污染、水污染，严重影响了周边地区空气质量、长江水质和附近居民的生活环境。虽经朱正茂等周边居民反映情况、江阴市人民政府召开协调会议，集装箱公司亦采取了整改措施，但仍未彻底消除污染现象。2009年7月6日，朱正茂作为周边居民代表与中华环保联合会共同提起诉讼，请求判令集装箱公司停止侵害，使港口周围的大气环境符合环境标准，排除妨碍；对铁矿粉冲洗进行处理，消除对饮用水源地和取水口产生的危险；将港口附近的下水道恢复原状，铁矿粉泥做无害化处理。江苏省无锡市中级人民法院（以下简称无锡中院）于受理本案的次日，进行了现场勘验，裁定责令被告立

即停止污染侵害行为，并向无锡市人民政府法制办公室、江阴市人民政府发函，取得政府部门的配合和支持。该院还召集听证，责成集装箱公司在案件审结前采取切实可行的方案和措施，迅速改善环境质量状态。集装箱公司据此再次采取整改措施，并在审理过程中提出调解申请。

（二）裁判结果

无锡中院一审认为，集装箱公司自行增设铁矿石（粉）港口接卸作业，属违法行为，对周边大气环境和地表、水域造成了污染侵害，影响了周边居民的正常生活。鉴于集装箱公司在诉讼前已采取了一定的污染防治措施，在本案审理过程中又采取了一系列治理措施，并提出调解申请。经法院依法主持调解，双方当事人达成协议，由集装箱公司限期补办相关的行政许可审批手续，限期内未获得行政许可的，必须立即停止相关业务；在申办期内，必须做到无尘化装卸作业，不得向周边河流、水域排放任何影响水体质量的污染物，不得产生超过国家规定标准的噪声；每 30 天书面报告本协议履行情况，并附当地环境保护行政主管部门的环境监测报告。无锡中院于 2009 年 9 月出具民事调解书，对上述协议依法予以确认。

（三）典型意义

本案兼具私益诉讼和公益诉讼的特点。朱正茂是居民代表，同时又是环境污染的受害者，其与中华环保联合会共同作为原告起诉后，无锡中院依法予以受理，对环境公益诉讼的原告主体资格问题进行了有益的探索和实践。鉴于环境污染具有不可逆性、地域广阔性、潜在受害人不确定性和社会公共利益受损的广泛性，无锡中院受理案件后，依职权进行现场勘验，针对正在实施的环境污染侵害行为，先行裁定污染者立即停止侵害，防止了损害扩大。无锡中院在审理本案的过程中，重视与政府相关部门的对接和联动，各司其职、各尽其责，正确处理了维权与维稳的关系，鼓励污染者积极采取防治措施，修复环境，对迅速治理环境污染起到了积极作用。

案例6

张长健等1721人与福建省（屏南）榕屏化工有限公司环境污染责任纠纷案

（一）基本案情

福建省（屏南）榕屏化工有限公司（以下简称榕屏公司）自1995年投产后，对周边地区陆续造成污染，排放的废水、废气、废渣，对环境和人体造成严重损害。特别是排放的氯气，造成大片树林、竹林、果树、庄稼枯死，鱼虾不能生存。对此，有现场勘验报告和当地乡人民政府出具的《屏城乡溪坪村受榕屏公司污染情况》佐证，江西惠普会计师事务所据此提出了损失计算标准。张长健等1721人提起诉讼，请求判令榕屏公司立即停止侵害，赔偿农作物及竹、木等损失，清除厂内及后山废渣。

（二）裁判结果

宁德市中级人民法院一审认为，榕屏公司虽主张排放达标，但不能证明排放不会造成损害，应推定因果关系存在，侵权责任成立。

张长健等1721人从1995年榕屏公司投产后、山地陆续出现毛竹等死亡时，就陆续向有关部门反映，诉讼时效并未超过。一审判决，榕屏公司立即停止侵害，清除厂内和后山工业废渣，并赔偿山场林木、果树、毛竹和农田等部分损失。双方不服上诉至福建省高级人民法院。该院二审认为，污染物排放标准不是确定排污单位是否承担侵权赔偿责任的界限，榕屏公司未能提供证据证明其废气排放、废渣堆放与张长健等1721人的农作物受损没有因果关系，应承担举证不能的责任。二审法院于2005年11月16日作出判决，维持一审判决关于榕屏公司立即停止侵害的判项，判令榕屏公司赔偿山场林木、果树、毛竹和农作物等损失68.42万元，在限期内对厂内及后山的含铬废渣进行清理，并按规范进行处置，对原后山的堆场进行封场。

（三）典型意义

环境污染责任的构成要件包括污染者有污染环境的行为、受害人有损害、污染者污染环境的行为与受害人的损害之间有因果关系。其中，因果关系的认定是环境污染责任纠纷中的重要问题。鉴于环境污染侵权具有致害途径复杂多样、损害证明科学技术性强以及多因一果现象频发等特性，侵权责任法第六十六条规定环境污染侵权实行因果关系的举证责任倒置，将污染行为与损害之间不存在因果关系的举证义务加于污染者，其举证不能时，则推定因果关系成立，从而认定环境污染责任成立，保护受害人的合法权益。此外，环境污染责任系无过错责任，污染者有污染行为并造成损害的，除其举证证明存在法律规定的不承担责任或者减轻责任的情形外，均应承担侵权责任，不得以排污达标为由提出抗辩、减免责任。再者，在认定环境污染责任成立的前提下，准确界定损害赔偿的范围，涉及化学、生物、地理等专业知识，宁德市中级人民法院经双方当事人同意委托专业人士进行现场勘验，并依据具备资产评估资格的会计师事务所提出的损失计算标准，认定赔偿数额，具有一定的指导意义。

案例7

姜建波与荆军噪声污染责任纠纷案

（一）基本案情

2009年起荆军租用了谷某的房屋和院落，此院落与姜建波住所前后相邻，仅一墙之隔。荆军在租用的院落里对钢铁制品进行切割作业，产生的噪声使姜建波不堪忍受。姜建波先后向村委会及当地环境保护行政主管部门反映，但问题仍未得到解决，遂提起诉讼，请求判令荆军停止侵害，排除妨碍，将产生噪声污染及粉尘污染的铁制品搬离与姜建波相邻的院落，赔偿其精神损失8000元。

（二）裁判结果

乌鲁木齐市米东区人民法院一审判令荆军立即停止侵权、排除妨害，将产生噪声的钢铁制品搬离与姜建波相邻的院落，并赔偿姜建波精神损害抚慰金2000元。荆军不服，上诉至乌鲁木齐市中级人民法院。该院二审认为，钢铁制品在装卸、运送或者加工过程中产生的声音超出一般公众普遍可忍受的程度。本案中，荆军院落与姜建波居所一墙相隔，荆军在院落中放置工具、加工材料时所产生的声音势必能传入到其他居民的居室内，已成为干扰周围居民生活的环境噪声。噪声污染对人体健康可能造成损害，是为公众普遍认可的，姜建波称其因噪声无法休息导致精神受到伤害符合日常生活经验法则，应推定属实。荆军否认噪声污染给姜建波造成了实际损害，应举证证明，但荆军不能举出其院落中发出的噪声对姜建波的身体健康未产生损害的证据。一审判决根据荆军加工钢铁制品产生的噪声的时间、两家距离的远近、噪声的大小酌情支持2000元精神损害抚慰金并无不当。二审法院于2012年7月作出判决，驳回上诉，维持原判。

（三）典型意义

在工业生产、建筑施工、交通运输和社会生活中产生的严重噪声污染，侵害人们安宁生活、工作和学习的权利，导致人们身心健康受损。本案中，荆军在装卸、运送、加工钢铁制品过程中产生的噪声，超过了一般人可容忍的程度，严重干扰了周边人群的正常生活，应承担停止侵害、排除妨碍及赔偿损失的民事责任。噪声污染给受害人身心健康造成的损害具有持续性和隐蔽性等特点，受害人的症状往往不明显且暂时无法用精确的计量方法反映。二审判决适用了日常生活经验法则及事实推定规则，认为钢铁制品加工、搬卸的噪声会比较严重的影响相邻院落居民正常的生活和休息，符合一般人的认知规律，而且噪声污染对身心健康造成损害，也是为公众普遍认可的。在荆军未举出反证证明其产生的噪声未对姜建波产生损害的情况下，即使姜建波尚未出现明显症状，其生活受到噪声侵扰而导致精神损害的事实也是客观存在的。二审法院系结合荆军加工钢铁制品产生噪声的时间、双方距离的远近、噪声的大小，酌情作出了由荆军赔偿姜建波精神损害抚慰金2000元的判决。

案例8

中华环保联合会与无锡市蠡湖惠山景区管理委员会生态环境损害赔偿纠纷案

（一）基本案情

无锡市蠡湖惠山景区管理委员会（以下简称景区管委会）在负责开发建设动植物园和儿童乐园项目的过程中，擅自占用2万平方米左右的林地。涉案项目尚有2500平方米山体土壤裸露宕口地块，系上世纪八十年代开采山石遗留状态，景区管委会未在该地块进行任何建设。中华环保联合会提起诉讼，请求判令景区管委会将非法占用的林地恢复用途并赔偿损失，立即将项目区域内裸露的部分土地进行复绿固土。

（二）裁判结果

无锡市滨湖区人民法院一审认为，景区管委会未经审批占用17477平方米林地是事实，但动植物园项目系城市绿地系统的组成部分，后期景区管委会又恢复和新增了一定数量的林地，未造成显著损害。本案审理中，景区管委会已缴纳了植被恢复费114万余元，应当视为已经弥补了生态损害。景区管委会擅自改变3677平方米林地用途，应当恢复原状。鉴于该地块建设已经被纳入立项规划范围，且建设项目中的观光电梯具有逃生、急救通道的功能，涉及到较大公共利益，不宜恢复原状。在审理中，景区管委会提出了异地补植方案，得到了主管单位和中华环保联合会的认可，并经咨询相关专业机构确定了杨湾异地补植恢复生态的方案。景区管委会等单位作为宕口裸露地块的使用人，有义务对该地块的状况进行持续整治，消除水土进一步流失的危险。在案件审理中，景区管委会自愿提出的复绿方案具有可行性，法院予以确认与准许。一审法院于2012年12月作出判决，判令景区管委会一个月内完成17477平方米林地改变用途的申报程序，将异地补植费用人民币79.44万元汇至指定账户并在六个月内完成杨湾地块4500平方米的异地补植，景区管委会及其他地块使用人六个月内完成2500平方米宕口地块复绿固土工作。

（三）典型意义

建设单位景区管委会在建设工程中未经批准占用并改变林地用途对生态环境造成损害，理应承担恢复生态环境的民事责任。本案的特殊之处在于，涉案工程所占用土地已经纳入立项规划范围，且工程对于整个项目具有重要作用，涉及公共利益，直接恢复原状不具可行性。在此情况下，一审法院经咨询专业机构意见，采纳了异地补植的方案进行生态恢复，探索了环境污染者、生态破坏者承担民事责任的方式，避免了社会财富的浪费，又在整个区域范围内恢复了生态容量的水平，可资借鉴。

案例9

王仕龙与刘俊波采矿权转让合同纠纷案

（一）基本案情

2007年8月27日，王仕龙以兴隆县龙思敏大理石厂的名义与刘俊波订立了矿山转让合同书，该合同约定王仕龙将兴隆县龙思敏大理石厂作价305万元转让给刘俊波。合同还对付款期限，违约责任等内容进行了约定。合同签订后，刘俊波共支付转让款等款项共计133.5万元。刘俊波修建了矿路及部分厂房，但未对该大理石矿进行开采。后王仕龙以刘俊波未足额付款为由提起诉讼请求判令解除矿山转让合同，刘俊波返还矿山并给付违约金76万元。刘俊波提起反诉请求判令王仕龙继续履行合同并赔偿损失108.8万元。

（二）裁判结果

承德市中级人民法院一审判决驳回双方的诉讼请求。双方不服上诉至河北省高级人民法院。该院二审认为，王仕龙和刘俊波均认可本案转让合同的标的物为大理石矿及相应采矿权，双方所签矿山转让合同已成立，但属于依照法律规定应到相关部门办理批准手续才能生效的合同。由于合同对移交矿山手续等约定不明，双方对合同未能履行均负有责任。对于按照法律、行政法规的规定须经批准或者登记才能生效的合同，双方当事人均应积极履行各自的义务，促使合同生效，以维护交易各方的合法权益。二审法院于2011年2月作出判决，判令王仕龙、刘俊波按照各自义务向有关部门提交相关资料，申请办理转让兴隆县龙思敏大理石矿的批准手续。王仕龙仍不服，向最高人民法院申请再审，最高人民法院裁定驳回再审申请。

（三）典型意义

矿产资源是人类生存和经济社会可持续发展的重要物质基础。采矿权的转让审批，是国家规范采矿权有序流转，实现矿产资源科学保护、合理开发的重要制度。采矿权转让未经审批的，转让合同尚未发生法律效力。二审法院在审理本案过程中严格依照法律规定，认定转让合同因未经审批而未生效，并判令双方按照各自义务办理采矿权转让报批手续，积极促使合同生效，维护了采矿权市场交易秩序，也符合合同法鼓励交易、创造财富的原则。

[部门规章、部门规章性文件与解读]

国家工商行政管理总局

驰名商标认定和保护规定

2014年7月3日　　国家工商行政管理总局令第66号

第一条　为规范驰名商标认定工作，保护驰名商标持有人的合法权益，根据《中华人民共和国商标法》（以下简称商标法）、《中华人民共和国商标法实施条例》（以下简称实施条例），制定本规定。

第二条　驰名商标是在中国为相关公众所熟知的商标。

相关公众包括与使用商标所标示的某类商品或者服务有关的消费者，生产前述商品或者提供服务的其他经营者以及经销渠道中所涉及的销售者和相关人员等。

第三条　商标局、商标评审委员会根据当事人请求和审查、处理案件的需要，负责在商标注册审查、商标争议处理和工商行政管理部门查处商标违法案件过程中认定和保护驰名商标。

第四条　驰名商标认定遵循个案认定、被动保护的原则。

第五条　当事人依照商标法第三十三条规定向商标局提出异议，并依照商标法第十三条规定请求驰名商标保护的，可以向商标局提出驰名商标保护的书面请求并提交其商标构成驰名商标的证据材料。

第六条　当事人在商标不予注册复审案件和请求无效宣告案件中，依照商标法第十三条规定请求驰名商标保护的，可以向商标评审委员会提出驰名商标保护的书面请求并提交其商标构成驰名商标的证据材料。

第七条 涉及驰名商标保护的商标违法案件由市（地、州）级以上工商行政管理部门管辖。当事人请求工商行政管理部门查处商标违法行为，并依照商标法第十三条规定请求驰名商标保护的，可以向违法行为发生地的市（地、州）级以上工商行政管理部门进行投诉，并提出驰名商标保护的书面请求，提交证明其商标构成驰名商标的证据材料。

第八条 当事人请求驰名商标保护应当遵循诚实信用原则，并对事实及所提交的证据材料的真实性负责。

第九条 以下材料可以作为证明符合商标法第十四条第一款规定的证据材料：

（一）证明相关公众对该商标知晓程度的材料。

（二）证明该商标使用持续时间的材料，如该商标使用、注册的历史和范围的材料。该商标为未注册商标的，应当提供证明其使用持续时间不少于五年的材料。该商标为注册商标的，应当提供证明其注册时间不少于三年或者持续使用时间不少于五年的材料。

（三）证明该商标的任何宣传工作的持续时间、程度和地理范围的材料，如近三年广告宣传和促销活动的方式、地域范围、宣传媒体的种类以及广告投放量等材料。

（四）证明该商标曾在中国或者其他国家和地区作为驰名商标受保护的材料。

（五）证明该商标驰名的其他证据材料，如使用该商标的主要商品在近三年的销售收入、市场占有率、净利润、纳税额、销售区域等材料。

前款所称“三年”、“五年”，是指被提出异议的商标注册申请日期、被提出无效宣告请求的商标注册申请日期之前的三年、五年，以及在查处商标违法案件中提出驰名商标保护请求日期之前的三年、五年。

第十条 当事人依照本规定第五条、第六条规定提出驰名商标保护请求的，商标局、商标评审委员会应当在商标法第三十五条、第三十七条、第四十五条规定的期限内及时作出处理。

第十一条 当事人依照本规定第七条规定请求工商行政管理部门查处商标

违法行为的，工商行政管理部门应当对投诉材料予以核查，依照《工商行政管理机关行政处罚程序规定》的有关规定决定是否立案。决定立案的，工商行政管理部门应当对当事人提交的驰名商标保护请求及相关证据材料是否符合商标法第十三条、第十四条、实施条例第三条和本规定第九条规定进行初步核实和审查。经初步核查符合规定的，应当自立案之日起三十日内将驰名商标认定请示、案件材料副本一并报送上级工商行政管理部门。经审查不符合规定的，应当依照《工商行政管理机关行政处罚程序规定》的规定及时作出处理。

第十二条 省（自治区、直辖市）工商行政管理部门应当对本辖区内市（地、州）级工商行政管理部门报送的驰名商标认定相关材料是否符合商标法第十三条、第十四条、实施条例第三条和本规定第九条规定进行核实和审查。经核查符合规定的，应当自收到驰名商标认定相关材料之日起三十日内，将驰名商标认定请示、案件材料副本一并报送商标局。经审查不符合规定的，应当将有关材料退回原立案机关，由其依照《工商行政管理机关行政处罚程序规定》的规定及时作出处理。

第十三条 商标局、商标评审委员会在认定驰名商标时，应当综合考虑商标法第十四条第一款和本规定第九条所列各项因素，但不以满足全部因素为前提。

商标局、商标评审委员会在认定驰名商标时，需要地方工商行政管理部门核实有关情况的，相关地方工商行政管理部门应当予以协助。

第十四条 商标局经对省（自治区、直辖市）工商行政管理部门报送的驰名商标认定相关材料进行审查，认定构成驰名商标的，应当向报送请示的省（自治区、直辖市）工商行政管理部门作出批复。

立案的工商行政管理部门应当自商标局作出认定批复后六十日内依法予以处理，并将行政处罚决定书抄报所在省（自治区、直辖市）工商行政管理部门。省（自治区、直辖市）工商行政管理部门应当自收到抄报的行政处罚决定书之日起三十日内将案件处理情况及行政处罚决定书副本报送商标局。

第十五条 各级工商行政管理部门在商标注册和管理工作中应当加强对驰名商标的保护，维护权利人和消费者合法权益。商标违法行为涉嫌犯罪的，应当将案件及时移送司法机关。

第十六条 商标注册审查、商标争议处理和工商行政管理部门查处商标违法案件过程中，当事人依照商标法第十三条规定请求驰名商标保护时，可以提供该商标曾在我国作为驰名商标受保护的记录。

当事人请求驰名商标保护的范围与已被作为驰名商标予以保护的范围基本相同，且对方当事人对该商标驰名无异议，或者虽有异议，但异议理由和提供的证据明显不足以支持该异议的，商标局、商标评审委员会、商标违法案件立案部门可以根据该保护记录，结合相关证据，给予该商标驰名商标保护。

第十七条 在商标违法案件中，当事人通过弄虚作假或者提供虚假证据材料等不正当手段骗取驰名商标保护的，由商标局撤销对涉案商标已作出的认定，并通知报送驰名商标认定请示的省（自治区、直辖市）工商行政管理部门。

第十八条 地方工商行政管理部门违反本规定第十一条、第十二条规定未履行对驰名商标认定相关材料进行核实和审查职责，或者违反本规定第十三条第二款规定未予以协助或者未履行核实职责，或者违反本规定第十四条第二款规定逾期未对商标违法案件作出处理或者逾期未报送处理情况的，由上一级工商行政管理部门予以通报，并责令其整改。

第十九条 各级工商行政管理部门应当建立健全驰名商标认定工作监督检查制度。

第二十条 参与驰名商标认定与保护相关工作的人员，玩忽职守、滥用职权、徇私舞弊，违法办理驰名商标认定有关事项，收受当事人财物，牟取不正当利益的，依照有关规定予以处理。

第二十一条 本规定自公布之日起30日后施行。2003年4月17日国家工商行政管理总局公布的《驰名商标认定和保护规定》同时废止。

国家工商行政管理总局

网络交易平台合同格式条款规范指引

2014年7月30日　　工商市字〔2014〕144号

第一章　总　　则

第一条　为规范网络交易平台合同格式条款，保护经营者和消费者的合法权益，促进网络经济持续健康发展，依据《中华人民共和国合同法》、《中华人民共和国消费者权益保护法》、《网络交易管理办法》等法律、法规和规章，制定本规范指引。

第二条　中华人民共和国境内设立的网络交易平台的经营者通过互联网（含移动互联网），以数据电文为载体，采用格式条款与平台内经营者或者消费者（以下称“合同相对人”）订立合同的，适用本规范指引。

第三条　本指引所称网络交易平台合同格式条款是网络交易平台经营者为了重复使用而预先拟定，并在订立合同时未与合同相对人协商的以下相关协议、规则或者条款：

（一）用户注册协议；

（二）商家入驻协议；

（三）平台交易规则；

（四）信息披露与审核制度；

（五）个人信息与商业秘密收集、保护制度；

（六）消费者权益保护制度；

（七）广告发布审核制度；

（八）交易安全保障与数据备份制度；

（九）争议解决机制；

（十）其他合同格式条款。

网络交易平台经营者以告示、通知、声明、须知、说明、凭证、单据等形式明确规定平台内经营者和消费者具体权利义务，符合前款规定的，依法视为合同格式条款。

第四条 工商行政管理机关在职权范围内，依法对利用合同格式条款侵害消费者合法权益的行为进行监督处理。

第五条 鼓励支持网络交易行业组织对本行业内合同格式条款的制定和使用进行规范，加强行业自律，促进行业规范发展。

第二章 合同格式条款的基本要求

第六条 网络交易平台经营者在经营活动中使用合同格式条款的，应当符合法律、法规和规章的规定，按照公平、公开和诚实信用的原则确定双方的权利与义务。

网络交易平台经营者修改合同格式条款的，应当遵循公开、连续、合理的原则，修改内容应当至少提前七日予以公示并通知合同相对人。

第七条 网络交易平台经营者应当在其网站主页面显著位置展示合同格式条款或者其电子链接，并从技术上保证平台内经营者或者消费者能够便利、完整地阅览和保存。

第八条 网络交易平台经营者应当在其网站主页面适当位置公示以下信息或者其电子链接：

（一）营业执照以及相关许可证；

（二）互联网信息服务许可或者备案信息；

（三）经营地址、邮政编码、电话号码、电子信箱等联系信息；

（四）法律、法规规定其他应披露的信息。

网络交易平台经营者应确保所披露的内容清晰、真实、全面、可被识别和易于获取。

第九条 网络交易平台经营者使用合同格式条款的，应当采用显著方式提请合同相对人注意与其有重大利害关系、对其权利可能造成影响的价款或者费用、履行期限和方式、安全注意事项和风险警示、售后服务、民事责任等内容。网络交易平台经营者应当按照合同相对人的要求对格式条款作出说明。鼓励网络交易平台经营者采取必要的技术手段和管理措施确保平台内经营者履行提示和说明义务。

前款所述显著方式是指，采用足以引起合同相对人注意的方式，包括：合理运用足以引起注意的文字、符号、字体等特别标识。不得以技术手段对合同格式条款设置不方便链接或者隐藏格式条款内容，不得仅以提示进一步阅读的方式履行提示义务。

网络交易平台经营者违反合同法第三十九条第一款关于提示和说明义务的规定，导致对方没有注意免除或者限制责任的条款，合同相对人依法可以向人民法院提出撤销该合同格式条款的申请。

网络交易平台经营者使用的合同格式条款，属于《消费者权益保护法》第二十六条第二款和《最高人民法院关于适用〈中华人民共和国合同法〉若干问题的解释（二）》第十条规定情形的，其内容无效。

第十条 网络交易平台经营者不得在合同格式条款中免除或者减轻自己的下列责任：

（一）造成消费者人身损害的责任；

（二）因故意或者重大过失造成消费者财产损失的责任；

（三）对平台内经营者提供商品或者服务依法应当承担的连带责任；

（四）对收集的消费者个人信息和经营者商业秘密的信息安全责任；

（五）依法应当承担的违约责任和其他责任。

第十一条 网络交易平台经营者不得有下列利用合同格式条款加重平台内经营者或者消费者责任的行为：

（一）使消费者承担违约金或者损害赔偿明显超过法定数额或者合理数额；

（二）使平台内经营者或者消费者承担依法应由网络交易平台经营者承担的责任；

（三）合同附终止期限的，擅自延长平台内经营者或者消费者履行合同的期限；

（四）使平台内经营者或者消费者承担在不确定期限内履行合同的责任；

（五）违法加重平台内经营者或消费者其他责任的行为。

第十二条 网络交易平台经营者不得在合同格式条款中排除或者限制平台内经营者或者消费者的下列权利：

（一）依法变更、撤销或者解除合同的权利；

（二）依法中止履行或者终止履行合同的权利；

（三）依法请求继续履行、采取补救措施、支付违约金或者损害赔偿的权利；

（四）就合同争议提起诉讼、仲裁或者其他救济途径的权利；

（五）请求解释格式条款的权利；

（六）平台内经营者或消费者依法享有的其他权利。

第十三条 对网络交易平台经营者提供的合同格式条款内容理解发生争议的，应当按照通常理解予以解释；对相应内容有两种以上解释的，应当作出不利于网络交易平台经营者的解释。格式条款与非格式条款不一致的，应当采用非格式条款。

第三章 合同格式条款的履行与救济

第十四条 网络交易平台合同格式条款可以包含当事各方约定的争议处理解决方式。对于小额和简单的消费争议，鼓励当事各方采用网络消费争议解决机制快速处理。

第十五条 支持消费者协会、网络交易行业协会或者其他消费者组织通过座谈会、问卷调查、点评等方式收集消费者对网络交易平台合同格式条款的意见，发现合同格式条款违反法律、法规和规章规定的，可以向相关主管部门提出。

认为网络交易平台合同格式条款损害消费者权益或者存在违法情形的，可以向相关主管部门投诉和举报。

第十六条 消费者因网络交易平台合同格式条款与网络交易平台经营者发

生纠纷，向人民法院提起诉讼的，消费者协会或者其他消费者组织可以依法支持消费者提起诉讼。

第十七条 鼓励、引导网络交易平台经营者采用网络交易合同示范文本，或者参照合同示范文本制定合同格式条款。

第四章 附 则

第十八条 本规范指引所称网络交易平台是指第三方交易平台，即在网络商品交易活动中为交易双方或者多方提供网页空间、虚拟经营场所、交易规则、交易撮合、信息发布等服务，供交易双方或者多方独立开展交易活动的信息网络系统。

第十九条 网络商品经营者，通过互联网（含移动互联网），以数据电文为载体，采用格式条款与消费者订立合同的，参照适用本规范指引。

第二十条 本指引由国家工商行政管理总局负责解释。

第二十一条 国家工商行政管理总局将根据网络经济发展情况，适时发布相关领域合同格式条款规范指引。

第二十二条 本规范指引自发布之日起实施。

[地方司法业务文件与解读]

浙江省高级人民法院民事审判第一庭
浙江省劳动人事争议仲裁院

关于审理劳动争议案件若干问题的解答(二)

2014年4月14日　　　　　　浙高法民一〔2014〕7号

2009年以来，针对劳动争议纠纷案件增长迅速、新问题不断出现的情况，省高级法院民一庭、省劳动人事争议仲裁院连续下发了一系列规范性文件及解答意见。为进一步解决此类案件中的一些突出问题，省高级法院民一庭、省劳动人事争议仲裁院经广泛调研，制定本解答，供裁判中参考。

一、建筑施工企业违法转包、分包中的相关法律关系应如何认定?

答：具备用工主体资格的承包单位违反法律、法规规定，将承包业务转包、分包给不具备用工主体资格的组织或者自然人，该不具备用工主体资格的组织或者自然人所招用的人员请求确认与承包单位存在劳动关系的，不予支持。但该人员在工作中发生伤亡，受害人请求承包单位参照工伤的有关规定进行赔偿的，人民法院应当予以支持。社会保险行政部门已认定该人员工伤的，按工伤保险规定处理。

二、劳动者与用人单位保留劳动关系的同时，又到其他用人单位工作的，法律关系应如何认定?劳动者向后一个用人单位主张劳动报酬、解除劳动关系经济补偿、赔偿金及休息休假权的，应否支持?

答：劳动者与用人单位保留劳动关系的同时，又到其他用人单位工作的，应认定双方存在劳动关系。劳动者向后一个用人单位主张劳动报酬、解除劳动关系经济补偿、赔偿金及休息休假权的，依法应予支持。

三、饭店实行“包厨”，承包人招用的厨师或者厨房其他工作人员与饭店之间的法律关系应如何认定？

答：实行“包厨”的饭店，认定厨师及厨房工作人员是否与饭店构成劳动关系，一般应区分以下情况：如承包人招用的厨师和厨房工作人员是饭店内部职工，应认定双方为劳动关系；如厨师和厨房工作人员系承包人从外部招用，工作期间这些人员只接受承包人的指挥和管理，由承包人支付其工资，则不应认定其与饭店之间存在劳动关系。承包协议另有约定的，从其约定。

四、劳动者自带工具，没有底薪，以包片等名义或者签订委托协议等形式为单位工作（如快递员、超市促销员），其与单位之间的法律关系应如何认定？

答：劳动者以包片等名义或者以签订委托协议等形式为单位服务的，一般应按双方约定认定双方的法律关系。如单位依法制定的各项劳动规章制度适用于劳动者，劳动者受单位的劳动管理，从事单位安排的有报酬的劳动，且劳动者提供的劳动是单位业务的组成部分，应认定双方存在劳动关系。

五、用人单位与劳动者连续订立二次固定期限劳动合同，第二次劳动合同到期后，劳动者要求订立无固定期限劳动合同的，应否支持？

答：用人单位与劳动者已连续订立二次固定期限劳动合同，第二次固定期限劳动合同期满后，劳动者根据劳动合同法第十四条第二款第三项的规定提出续订劳动合同并要求订立无固定期限劳动合同的，应予支持。对劳动合同的内容，双方应当按照合法、公平、平等自愿、协商一致、诚实信用的原则协商确定；对协商不一致的内容，依照劳动合同法第十八条的规定执行。

六、用人单位违反法律规定超过一年未与劳动者签订书面劳动合同或者签订无固定期限劳动合同，在仲裁时效内，劳动者主张二倍工资的，应否全额支持？

答：依据劳动合同法第十四条第三款和《劳动合同法实施条例》第七条的规定，用人单位自用工之日起满一年未与劳动者订立书面劳动合同的，视为双方已订立无固定期限劳动合同。因此，未订立书面劳动合同情形下二倍工资的最长支付期限为11个月。

劳动者依据劳动合同法第十四条的规定提出订立无固定期限劳动合同，用人单位违反规定未与劳动者订立无固定期限劳动合同的，二倍工资的最长支付期限为11个月。

劳动者有关支付最长11个月二倍工资的诉请符合相关法律规定，且最后一个月的二倍工资请求未超过仲裁时效的，应予全额支持。

七、用人单位与劳动者在劳动合同中约定“合同到期后劳动者继续在用人单位工作的，视为原劳动合同期限的延长”。延长的劳动合同到期后，劳动者提出其已符合签订无固定期限劳动合同的条件，要求用人单位与其续签无固定期限劳动合同的，应否支持？劳动者以延长期间用人单位未与其签订书面劳动合同为由要求支付二倍工资的，应否支持？

答：劳动合同中约定“合同到期后劳动者继续在用人单位工作的，视为原劳动合同期限的延长”，双方实际履行了该约定的，视为双方之间订立了新的劳动合同，因此，延长的劳动合同到期后，用人单位不能直接终止劳动合同，如劳动者提出签订无固定期限劳动合同且符合劳动合同法第十四条第二款第三项规定的，应予支持。但劳动者以延长期间用人单位未与其签订书面劳动合同为由要求支付二倍工资的，不予支持。

八、劳动者违反用人单位规章制度，符合用人单位与其解除劳动合同的条件，用人单位应在多长时间内行使劳动合同解除权？

答：劳动者违反用人单位规章制度，符合用人单位与其解除劳动合同的条件，用人单位一般应在知道或者应当知道之日起5个月内行使劳动合同解除权。

九、用人单位的规章制度规定绩效考核等级，并规定考核末位淘汰的，用人单位能否据此单方解除与考核末位者的劳动关系？

答：劳动者在用人单位绩效考核中居于末位等次，不等同于“不能胜任工作”，不符合单方解除劳动合同的法定条件，用人单位不能据此单方解除劳动合同。

十、劳动者以用人单位未与其签订书面劳动合同为由，提出解除劳动关系并要求用人单位支付经济补偿的，应否支持？

答：用人单位未与劳动者签订书面劳动合同不属于劳动合同法第三十八条规定的情形，劳动者以用人单位未与其签订书面劳动合同为由，提出解除劳动关系并要求用人单位支付经济补偿的请求，不符合劳动合同法第四十六条的规定，不予支持。

十一、劳动者解除或者终止劳动合同前十二个月包含医疗期等非正常工作期间，且在该期间内用人单位未支付正常工作工资的，经济补偿基数应如何确定？

答：劳动合同法第四十七条第三款规定的“本条所称月工资是指劳动者在劳动合同解除或者终止前十二个月的平均工资”，应理解为劳动合同解除或者终止前劳动者正常工作状态下十二个月的平均工资，不包括医疗期等非正常工作期间。

十二、劳动者月工资高于用人单位所在直辖市、设区的市级人民政府公布的本地区上年度职工月平均工资三倍，其在用人单位的工作时间跨越2008年1月1日，劳动合同在劳动合同法施行后解除或者终止，劳动者要求用人单位支付经济补偿的，计算经济补偿的最高年限应如何认定？

答：劳动合同法第四十七条第二款规定经济补偿的最高支付年限为十二年。劳动者工作时间跨越劳动合同法实施之日，依法计算的工作年限超过十二年的，经济补偿金最多支付十二个月工资。

十三、竞业限制协议约定的经济补偿低于当地的最低生活标准，劳动者履行了竞业限制义务后要求用人单位按合理标准补足经济补偿的，应否支持，补足标准如何确定？

答：竞业限制协议约定的经济补偿低于当地最低生活标准，劳动者已经履行了竞业限制义务的，可以要求用人单位按其解除或者终止劳动合同前十二个月平均工资的30%的月补偿标准补足差额；若该标准低于最低工资的，按最低工资标准补足差额。

十四、超过法定退休年龄的劳动者在工作中受事故伤害或者患职业病，其向聘用单位主张工伤保险待遇的，应否支持？

答：劳动者超过法定退休年龄，仍接受单位聘用的，其与聘用单位之间构成劳务关系，劳动者因工伤亡或者患职业病而向聘用单位主张工伤保险待遇的，不予支持。但劳动者尚未享受基本养老保险待遇或者领取退休金，且聘用单位已为其缴纳工伤保险费的，其工伤保险待遇应予支持。

十五、已参加工伤保险的工伤职工工作期间存在劳动合同法第三十九条情形，用人单位依照规定解除劳动合同的，是否还应向该工伤职工支付一次性伤残就业补助金？

答：一次性伤残就业补助金是职工因工伤产生的社会保险待遇。用人单位虽依照劳动合同法第三十九条规定与工伤职工解除劳动合同，但仍应向该工伤职工支付一次性伤残就业补助金。

十六、用人单位已依法为劳动者缴纳了工伤保险，劳动者工伤医疗费超出社保基金报销目录范围的费用，如何承担？

答：用人单位已依法为劳动者缴纳了工伤保险，劳动者工伤医疗费超出社保基金报销目录范围的费用原则上不应由用人单位承担，但超出目录范围的费用经用人单位同意或者认可的除外。

十七、劳务派遣用工关系中，用工单位与劳动者约定服务期的效力如何认定？

答：劳务派遣单位对服务期约定予以认可的，该约定有效，服务期超过劳动合同期限的，劳动合同应当顺延至服务期满。劳务派遣单位对服务期约定不予认可的，该服务期约定无效。

十八、劳务派遣用工关系中，劳务派遣单位损害劳动者权益的，用工单位是否要承担连带赔偿责任？

答：劳务派遣单位给劳动者造成损害的，除用工单位存在故意或者重大过失情形，原则上不承担连带赔偿责任。

十九、劳动者与用人单位就未休年休假的工资报酬发生争议的，申请仲裁的时效期间及起算点应如何确定？

答：用人单位未安排劳动者年休假，侵害的是劳动者的休假权利，支付未休年休假工资报酬是因用人单位未安排年休假而应当承担的法律义务，故适用一般的时效规定。劳动者要求用人单位支付未休年休假工资报酬的仲裁时效从次年的 1 月 1 日起计算。经劳动者同意跨年度安排年休假的，顺延至下一年度的 1 月 1 日起计算；劳动关系解除或者终止的，从解除或者终止之日起计算。

二十、劳动者8月份上班22天，其中10天在35℃以上环境下工作，12天在33℃以下环境下工作，其当月高温津贴应如何计发？

答：根据浙江省人力资源和社会保障厅2013年7月5日下发的《关于夏季防暑降温工作有关问题的答复》等相关规定，高温津贴的发放是以用人单位安排劳动者在高温月份（6月、7月、8月、9月）工作为标准，而不是以实际工作的高温天数计发。用人单位提供的防暑降温饮料和必需药品不得冲抵高温津贴。

解读——

《浙江省高级人民法院民事审判第一庭、浙江省劳动人事争议仲裁院关于审理劳动争议案件若干问题的解答（二）》

江宇奇*

劳动关系事关每位劳动者及其家庭的切身利益，事关社会的发展和国家的稳定。随着工业化、城镇化进程持续推进，劳动用工制度改革不断深化，劳动法律法规日趋健全，浙江省法院受理的劳动争议案件数量自2008年以来持续在高位运行。2013年一审收案数达3.31万件，再创历史新高，同比上升15.27%。劳动关系领域各种新情况、新问题不断涌现，成为审判实践中的疑点、难点和热点。为进一步统一全省裁审尺度，及时有效化解劳资纠纷，构建和谐劳动关系，省高院民一庭与省劳动人事争议仲裁院经联合调研，广泛征求意见，形成了《关于审理劳动争议案件若干问题的解答（二）》（以下简称《解答》），下发给全省法院和劳动仲裁系统，指导审判和仲裁。现对《解答》的主要内容作如下阐释。

* 作者单位：浙江省高级人民法院。

一、关于建筑施工领域违法转分包中的相关法律关系

当前建筑工程施工领域中，施工企业将工程违法转分包给不具备用工主体资格的自然人或组织（以下简称实际施工人）的情况较为常见。实际施工人自行招用进行施工的劳动者因工伤亡，劳动者一方以其与施工企业存在劳动关系为由，要求企业支付工伤保险待遇的，能否予以支持，存在较大争议。《解答》第一条对此作出了规定。

有观点认为，原劳动和社会保障部《关于确立劳动关系有关事项的通知》（劳社部发〔2005〕12号）第四条规定："建筑施工、矿山企业等用人单位将工程（业务）或经营权发包给不具备用工主体资格的组织或自然人，对该组织或自然人招用的劳动者，由具备用工主体资格的发包方承担用工主体责任。"据此劳动者与施工企业间成立劳动关系，可以向施工企业主张工伤保险待遇。还有观点则认为，根据合同相对性原则，劳动者与实际施工人之间形成劳务关系，不宜随意突破该劳务关系而直接认定劳动者与施工单位间构成劳动关系。人力资源社会保障部《关于执行〈工伤保险条例〉若干问题的意见》（人社部发〔2013〕34号）第七条规定："具备用工主体资格的承包单位违反法律、法规规定，将承包业务转包、分包给不具备用工主体资格的组织或者自然人，该组织或者自然人招用的劳动者从事承包业务时因工伤亡的，由该具备用工主体资格的承包单位承担用人单位依法应承担的工伤保险责任。"故虽然劳动者主张其与施工单位间存在劳动关系的应不予支持，但为了保障伤亡劳动者一方及时足额得到赔偿，同时倒逼企业规范、有序施工，逐步解决建筑施工领域层层转分包的违法现象，可以由施工单位参照工伤规定对其进行赔偿。

《解答》采纳了第二种观点。主要理由：一是劳动者与施工企业间不存在劳动关系的实质及外观。平等主体之间合同相对性原理是普遍适用的原则。实际施工人以自己名义招用劳动者，劳动者对此明知并接受实际施工人管理、领取报酬。劳动者与施工单位间不存在建立劳动关系的合意，施工单位也未对劳动者进行实际管理。二是保障劳动者的生存权益。建筑施工企业本可规范施工，依法为招用人员缴纳工伤保险，分散用工风险，却将工程进行违法转分包，对此具有过错。故建筑施工企业应对伤亡劳动者参照工伤承担赔偿责任，以均衡各方利益。且实践中有些地区已经对施工企业实行以施工项目为单位，按照工程造价的一定比例缴纳工伤保险的制度，亦为施工企业对劳动者进行工伤赔偿提供了有力支撑。

二、关于无固定期限劳动合同的问题

无固定期限劳动合同是指用人单位与劳动者约定无确定终止时间的劳动合同。该制度旨在遏制劳动合同短期化、促进劳动关系稳定。审判实践中对无固定期限劳动合同的成立条件存在一定争议。《解答》第五条、第七条对成立无固定期限劳动合同关系的两种情形进行了规定。

第一种情形是连续订立两次固定期限劳动合同后，劳动者依据劳动合同法第十四条第二款第（三）项提出订立无固定期限劳动合同的，能否予以支持。劳动合同法第十四条第二款规定了订立无固定期限劳动合同的三种情形。三者相比较，只有第三种情形即“连续订立二次固定期限劳动合同”的，在条文表述上有“续订劳动合同的”后缀。基于这一文字差别，有观点认为第十四条第二款第一、二种情形是只要劳动者提出订立无固定期限劳动合同就应当订立，而第三种情形是需要用人单位同意续订无固定期限劳动合同的才能订立。有观点则认为，第十四条第二款规定“有下列情形之一，劳动者提出或者同意续订、订立劳动合同的，……应当订立无固定期限劳动合同”，表明劳动者只要符合三种情形，经其提出就应当订立无固定期限劳动合同，不能因文字差异做出与第十四条规定本意相悖的理解。

《解答》采纳了第二种观点。主要理由：从劳动合同法关于无固定期限劳动合同的立法意图来看，是赋予了劳动者选择权，由劳动者决定是否与用人单位订立无固定期限劳动合同，同时科以用人单位强制缔约义务，不由其选择。如连续订立二次固定期限劳动合同后，需要用人单位同意才能订立无固定期限劳动合同，无疑将使无固定期限劳动合同制度的适用受到较大限制。且《劳动合同法实施条例》第十一条规定，除劳动者与用人单位协商一致的情形外，劳动者依照劳动合同法第十四条第二款的规定，提出订立无固定期限劳动合同的，用人单位应当与其订立无固定期限劳动合同。因此在连续订立二次固定期限劳动合同的情形下，符合条件的劳动者要求订立无固定期限劳动合同的，应予支持。

另一种情形是用人单位与劳动者在劳动合同中约定“合同到期后劳动者继续在用人单位工作的，视为原劳动合同期限的延长”，延长的劳动合同到期后，劳动者提出其已符合签订无固定期限劳动合同的情形，要求用人单位与其订立无固定期限劳动合同的，能否予以支持。有观点认为，关于劳动合同期限延长的约定是对合同内容的变更，不论延长几次，均为一份劳动合同；除延长后工作期限连续满十年外，劳动者不能据此要求订立无固定期限劳动合同。有观点则认为，此种约定属于恶意规避签订无固定期限劳动合同的行为，应予规制。延长的劳动合同到期后属于已经连续订立二次固定期限劳动合同的情形，劳动者提出订立无固定期限劳动合同的，应予支持。

《解答》采纳了第二种观点。主要理由：签订书面劳动合同系用人单位的法定义务。劳动合同期满后，用人单位需与劳动者就续订劳动合同进行合意，而不应在劳动合同中预设延期条款。对于双方实际履行了上述约定的，视为订立了新的劳动合同。延长的劳动合同到期后，劳动者提出签订无固定期限劳动合同且没有劳动合同法第三十九条和第四十条第（一）、（二）项规定情形的，应予支持。需要注意的是，虽然此种约定是不规范的，但由于延长期间视为双方之间订立了新的劳动合同，因此劳动者以延长期间用人单位未与其签订书面劳动合同为由主张二倍工资的，不予支持。

三、关于二倍工资的问题

对于二倍工资，争议问题主要集中在最长支付期限和仲裁时效上。《解答》第六条对此做了进一步明确。

（一）二倍工资的仲裁时效

劳动合同法关于二倍工资的规定见于第八十二条，该条位于“第七章法律责任”，故二倍工资并非劳动者付出劳动获得的报酬，而是用人单位就其违法未订立劳动合同的行为承担的法律责任，应当适用一年仲裁时效，当前实践中对此意见已较为统一。但对于该一年时效应如何计算，存在较大争议。

可以主要分为两种做法：一是逐月分别计算仲裁时效。严格按照仲裁时效期间从当事人知道或者应当知道其权利被侵害之日起计算的规定，从未订立书面劳动合同的第二个月起按月分别计算仲裁时效。二是从用人单位与其补订劳动合同之日或者视为双方已订立无固定期限劳动合同之日起计算，以先者为准。用人单位满一年未与劳动者订立书面劳动合同，视为已订立无固定期限劳动合同，仲裁时效期间从该日起算。如在此之前，用人单位已与劳动者补订了书面劳动合同，违法行为终止，则仲裁时效期间从补订合同之日起算。

《解答》赞同第二种做法。主要理由：出于维护劳动关系等考虑，劳动者主张二倍工资无疑会面临诸多顾虑。这些利益权衡不宜等同于劳动者怠于行使权利。如果按月分别计算仲裁时效，对劳动者要求较高。且劳动合同法实施至今已6年有余，用人单位尚未尽到订立书面劳动合同法律义务的，无疑具有较强可责性。鉴于审判实践中对该问题反映意见较多、争议较大，解答作了如下表述："劳动者有关支付最长十一个月二倍工资的诉请符合相关法律规定，且最后一个月的二倍工资请求未超过仲裁时效的，应予全额支持"，以最大程度地明确时效计算方法，避免可能产生的理解争议。

（二）二倍工资的最长支付期限

二倍工资的最长支付期限分为两种情形。第一种情形是未签订书面劳动合同的二倍工资最长支付期限。实践中有观点认为，只要用人单位未与劳动者签订书面劳动合同，就应该从第一个月届满时起支付二倍工资直到签订合同为止，不存在支付上限。有观点则认为，二倍工资的最长支付期限为十一个月。

《解答》赞同第二种观点。劳动合同法第八十二条第一款规定："用人单位自用工之日起超过一个月不满一年未与劳动者订立书面劳动合同的，应当向劳动者每月支付二倍的工资"。由上可知二倍工资的支付存在自用工之日起超过一个月到不满一年的封闭区间，最长支付期限为十一个月。

第二种情形是未订立无固定期限劳动合同的二倍工资最长支付期限。对此，有观点认为劳动合同法第八十二条第二款和第一款的表述是有区别的，第一款有"超过一个月不满一年"的期间限定，而第二款仅规定"自应当订立无固定期限劳动合同之日起"，表明未订立无固定期限劳动合同的二倍工资没有支付上限。另一种观点则认为，第八十二条第二款只规定了起始时间没有规定终止时间，与该条第一款规定了十一个月的封闭区间有明显差异，属于法律漏洞，应在法律适用过程中进行填补，同样予以十一个月的支付上限；否则将会使用人单位用工成本大为增加，而且容易引发劳动者故意回避合同签订等道德风险。

《解答》采纳了第二种观点。主要理由：一是无固定期限劳动合同属于劳动合同的一种，因此未订立无固定期限劳动合同属于未订立书面劳动合同的一种情形。劳动合同法第八十二条第一款是对未订立书面劳动合同的规定，第二款是对未订立无固定期限劳动合同的规定。即然第八十二条第一款对未订立书面劳动合同有十一个月上限，那么未订立无固定期限劳动合同作为未订立书面劳动合同的一种情形，同样可以适用这一上限。二是平衡劳资双方利益。二倍工资旨在以惩罚性手段督促用人单位与劳动者签订劳动合同，提高劳动合同签订率，而非为使劳动者额外获利。从横向比较来看，符合法定条件的劳动合同解除或终止，用人单位按每满一年支付一个月工资的标准向劳动者支付经济补偿。而在用人单位未依法订立无固定期限劳动合同的情形下，每月需支付二倍工资。在加以十一个月支付上限的情况下，劳动者最高所能获得的二倍工资相当于工作满十一年后劳动合同解除或终止所得的经济补偿，已对劳动者利益予以了保护。并且《解答》采纳的二倍工资时效模式是只要最后一个月的二倍工资请求未超过仲裁时效，便可全额予以支持。如不设上限，将会极大地增加企业用工成本，导致劳资双方利益失衡。

四、关于依据规章制度解除劳动合同问题

审判实践中，用人单位以劳动者严重违反规章制度为由解除劳动合同引发争议的情况较为常见。《解答》第八条、第九条针对用人单位解除权行使时间以及末位淘汰作了规定。

（一）劳动者严重违反规章制度，用人单位解除权的行使时间

由于用人单位在规章制度制订过程中占据了主导地位，在未经劳资双方充分合意的情况下，有的规章制度缺少规范的处分和申诉程序，随意性较强。表现之一便是用人单位知道劳动者严重违反规章制度后，长期未予处理，后又以此为由提出解除合同，引发劳动者不满并形成纠纷。对此，多数意见认为，用人单位应当在合理期间内及时对劳动关系解除与否作出意思表示，避免劳动关系长期处于悬而未决的状态。

为了促进劳动关系的稳定、保护劳动者合法权益，《解答》第八条参照《企业职工奖惩条例》第二十条“审批职工处分的时间，从证实职工犯错误之日起，开除处分不得超过五个月，其他处分不得超过三个月”，确定用人单位一般应在知道或者应当知道劳动者严重违反规章制度之日起五个月内行使劳动合同解除权。

（二）关于末位汰淘

用人单位在规章制度中规定绩效等级考核末位淘汰的，是否可以据此解除与考核末位者的劳动关系，对此存在争议。2013年11月，省高院推荐的中兴通讯（杭州）有限公司诉王鹏劳动合同纠纷案入选最高人民法院发布的第五批指导性案例。该案明确了用人单位不能仅因劳动者在考核中居于末位等次而单方解除劳动合同。

《解答》第九条源于该指导性案例，重申了“劳动者在用人单位等级考核中居于末位等次，不等同于‘不能胜任工作’，不符合单方解除劳动合同的法定条件，用人单位不能据此单方解除劳动合同”。理由在于末位淘汰预设淘汰比例或数量，导致劳动者客观上是否表现得够好并不重要，重要的是能否表现得比别人好，是考核的异化。根据我国劳动法律的规定，单方解除劳动合同必须符合法定条件。用人单位可以依法制定关于绩效考核的规章制度来加强内部管理，但不应以末位淘汰为由单方解除劳动合同。

五、关于劳动合同解除或终止的经济补偿问题

符合劳动合同法第四十六条规定的劳动合同解除或终止，用人单位应当向劳动者支付经济补偿。对支付经济补偿的情形、基数、年限，实践中存在争议，《解答》第十条、第十一条、第十二条分别作了规定。

（一）用人单位未与劳动者签订书面劳动合同，是否属于支付经济补偿的情形

用人单位未与劳动者签订书面劳动合同，劳动者提出解除劳动关系并要求支付经济补偿的，能否予以支持。对此，有观点认为，《劳动合同法实施条例》第十八条第（十）项规定用人单位违反法律、行政法规强制性规定的，劳动者可以与用人单位解除劳动合同。用人单位未与劳动者签订书面劳动合同违反法律、行政法规强制性规定，应予支付经济补偿。另一种观点认为，劳动者只有依照劳动合同法第三十八条规定解除劳动合

同的，才能要求用人单位向其支付经济补偿。未签订书面劳动合同不属于第三十八条规定情形，不需支付经济补偿。

《解答》采纳了第二种观点。主要理由：用人单位未签订书面合同已依法承担二倍工资责任，不应再在经济补偿上予以支持，以兼顾劳资双方利益。且如用人单位违反法律、行政法规强制性规定均予支付经济补偿，可能导致支付经济补偿的范围大大增加，对用人单位过于严苛。故对劳动合同法第三十八条情形不宜作扩大化理解。

（二）劳动合同解除或终止前十二个月包含非正常工作期间的，经济补偿基数的确定

根据劳动合同法第四十七条第三款规定，作为经济补偿基数的月工资是指劳动者在劳动合同解除或者终止前十二个月的平均工资。如该十二个月内包含了医疗期等非正常工作期间的，月工资即经济补偿基数应如何确定。对此，有观点认为严格按照条文表述来认定十二个月的平均工资，其中是否存在非正常工作期间在所不问。有观点则认为经济补偿是对劳动者多年工作的补偿，非正常工作状态是偶发的，应以正常工作状态下十二个月的平均工资作为基数，方为公平合理。

《解答》采纳了第二种观点，规定“月工资”应理解为劳动合同解除或终止前劳动者正常工作状态下十二个月的平均工资，不包括医疗期等非正常工作期间。

（三）“高薪劳动者”的经济补偿年限

根据劳动合同法第四十七条第二款规定，对于月工资高于用人单位所在直辖市、设区的市级人民政府公布的本地区上年度职工月平均工资三倍的劳动者，向其支付经济补偿的标准按职工月平均工资三倍的数额支付，年限最高不超过十二年，即为“三倍工资”和“十二年”双重封顶。如该“高薪劳动者”在用人单位工作的年限超过十二年，且时间跨越劳动合同法实施之日，劳动合同解除或者终止并符合支付经济补偿情形的，经济补偿年限应如何确定？对此，有观点认为，根据劳动合同法第九十七条第三款规定经济补偿实行分段计算，第四十七条第二款规定的十二年限制仅适用于2008年1月1日以后的工作年限，以前的不受限制。有观点则认为，在此情况下连续计算工作年限比较合理，2008年以前的亦应

计入十二年限制内，否则劳动合同法第四十七条第二款规定在2020年之前均无适用空间，形同具文。

《解答》采纳了第二种观点，“高薪劳动者”工作时间跨越劳动合同法实施之日，依法计算的工作年限超过十二年的，经济补偿金最多支付十二个月工资。

六、关于工伤保险待遇问题

工伤保险事关工伤职工的医疗救治和经济补偿，对职工切身权益影响甚巨。《解答》第十四条、第十五条、第十六条分别针对超过法定退休年龄劳动者的工伤待遇、用人单位解除劳动合同是否仍需向工伤职工支付一次性伤残就业补助金、工伤医疗费超出社保基金报销目录范围费用的承担作出了规定。

（一）关于超过法定退休年龄劳动者的工伤待遇问题

因聘用的超过法定退休年龄的劳动者发生事故伤害或患职业病，劳动者向单位主张工伤保险待遇的，能否予以支持，逐渐成为审判实践中的难点问题。有观点认为，劳动法只禁止用人单位招用童工，并未禁止其招用超龄劳动者。除已经享受基本养老保险待遇或领取退休金的超龄劳动者根据《最高人民法院关于审理劳动争议案件适用法律若干问题的解释（三）》（以下简称《劳动争议解释（三）》）第七条规定与单位间形成劳务关系外，其他超龄劳动者与用人单位间形成劳动关系，并可主张工伤保险待遇。有观点则认为，根据《劳动合同法实施条例》第二十一条“劳动者达到法定退休年龄的，劳动合同终止”的规定，超龄劳动者与单位间不构成劳动关系，不能主张工伤保险待遇。

《解答》对此从两个层面进行了规定。一是在法律关系上，超龄劳动者与聘用单位间构成劳务关系。超龄劳动者可以分为已经享受基本养老保险待遇或领取退休金者和未享受上述待遇者，《劳动争议解释（三）》第七条对前者与单位间的法律关系已经规定按劳务关系处理，所以争议主要集中在后者与单位的法律关系上。首先，从规范层面来看，《劳动合同法实施条例》第二十一条规定劳动者达到法定退休年龄的，劳动合同终止，表明基于达到法定退休年龄这一客观事实，劳动者不再具备劳动法律关系主体资格。其次，从实际操作来看，劳动者达到法定退休年龄后，在缴纳社会保险上存在障碍，且其与单位发生的用工争议也不能进行前置仲裁。而社会保险、劳动仲裁等是劳动关系与劳务关系相区别的重要因素。剥离了这些因素，所谓的“劳动关系”名不符实。故基于上述考量，《解答》规定超龄劳动者与聘用单位之间构成劳务关系。

二是在工伤待遇上，超龄劳动者主张工伤保险待遇的，不予支持，但劳动者尚未享受基本养老保险待遇或领取退休金，且聘用单位已为其缴纳工伤保险费的除外。基于前述超龄劳动者与聘用单位构成劳务关系的定性，对于劳动者主张工伤保险待遇应不予支持。但是考虑到实践中某些情况下也有单位为超龄劳动者缴纳了工伤保险，对于此种特殊情况，只要劳动者未享受基本养老保险待遇或领取退休金的，对其主张的工伤保险待遇可予支持。

（二）关于用人单位解除劳动合同是否仍需向工伤职工支付一次性伤残就业补助金问题

《工伤保险条例》第三十六条、第三十七条分别规定了五至六级伤残等级、七至十级伤残等级的工伤职工本人提出解除劳动合同的，用人单位应当支付一次性伤残就业补助金。据此，实践中对于用人单位提出解除劳动合同，特别是用人单位依据劳动合同法第三十九条劳动者存在严重违反规章制度、被依法追究刑事责任等过错情形而解除劳动合同的，是否仍需承担一次性伤残就业补助金，存在不同观点。有观点认为，《工伤保险条例》前述规定有职工本人提出解除劳动合同的前提限定，用人单位依据劳动合同法第三十九条解除劳动合同的，不属于条例规定的应当支付一次性伤残就业补助金的情形。有观点则认为，《工伤保险条例》前述职工本人提出解除劳动合同的表述并非是预设用人单位支付一次性伤残就业补助金的前提条件，而是隐含了对于工伤职工，用人单位一般不应主动提出解除劳动合同之意思。用人单位依据劳动合同法第三十九条解除劳动合同的，仍应支付一次性伤残就业补助金，否则可能出现用人单位违法解除劳动合同以规避支付工伤保险待遇的情形，这与基本法理以及《工伤保险条例》主旨相悖。

《解答》采纳了第二种观点。理由在于一次性伤残就业补助金属于工伤职工依法应当享受的社会保险待遇。工伤职工存在劳动合同法第三十九条情形，相应的后果是用人单位可以依法解除劳动合同，并无需向劳动者支付经济补偿。两者并非同一关系。故用人单位提出解除劳动合同的，仍应依法向工伤职工支付一次性伤残就业补助金。

（三）关于超出社会保险基金报销目录范围的工伤医疗费的承担问题

劳动者工伤医疗费中超出社会保险基金报销目录范围的费用是否应由用人单位承担，对此存在不同观点。有观点认为，既然职工身体健康受损是由于工作原因，只要属于合理的医疗支出，超出目录范围的费用应由用人单位承担，这也符合损害填补原则。有观点则认为，在缴纳了工伤保险的情况下，医疗费的法定支付渠道是工伤保险基金，用人单位不需承担超出目录范围的费用。

《解答》采纳了第二种观点。主要理由：工伤保险属于社会保险的一种，是国家在社会整体层面对社会利益再分配的重要制度。该制度在保障工伤职工权益的同时，也发挥着分散用人单位用工风险的作用。与民事侵权不同，工伤保险中不问过错，无论工伤事故的责任在于劳动者还是用人单位抑或是第三人，对工伤的成立、赔偿均无影响。因此在工伤保险待遇支付上，不宜照搬侵权损害赔偿中的损害填补原则。在用人单位已经依法为劳动者缴纳了工伤保险的情况下，原则上不应由用人单位承担超出目录范围的费用。同时，如有证据证明该超出部分的费用已经用人单位同意或认可的，劳动者可以请求用人单位予以承担。

此外，《解答》还对双重劳动关系、“包厨”中承包人招用人员与饭店间的法律关系、劳务派遣中用工单位与劳动者约定服务期的效力以及用工单位的赔偿责任、未休年休假工资报酬的仲裁时效，以及高温津贴发放等问题作了规定。

[司法实务问题研究]

当前处理夫妻共同债务存在的问题与对策

王礼仁*

《最高人民法院关于适用〈中华人民共和国婚姻法〉若干问题的解释(二)》(以下简称《婚姻法解释(二)》)第二十四条规定:"债权人就婚姻关系存续期间夫妻一方以个人名义所负债务主张权利的,应当按夫妻共同债务处理。但夫妻一方能够证明债权人与债务人明确约定为个人债务,或者能够证明属于婚姻法第十九条第三款规定情形的除外"。

有观点认为,该条判断夫妻共同债务的标准就是看债务是否于婚姻关系存续期间形成,凡是发生在婚姻存续期间的债务,都是夫妻共同债务,夫妻双方都要对外承担连带责任,并由此衍生出了所谓的"内外有别论"。"内外有别论"认为,债权人主张夫妻共同债务时,只要债权人证明该借款发生于夫妻关系存续期间,无论债务是否用于夫妻共同生活,只要没有两种例外情形,就应当直接按照《婚姻法解释(二)》第二十四条推定为夫妻共同债务,由夫妻共同偿还。但在夫妻内部之间确认夫妻债务时,则要区分是否用于夫妻共同生活,举债方必须证明其举债用于夫妻共同生活,否则不能认定为夫妻共同债务。并认为这样处理,即使非举债一方对外偿还了不当债务,也可以向另一方追偿。目前上述观点在司法实践中仍然影响很大。

* 湖北省宜昌市中级法院三级高级法官,三峡大学兼职教授。

实践证明，直接适用《婚姻法解释（二）》第二十四条和“内外有别论”，容易助生虚假债务，对此应当重新检讨。

一、直接适用《婚姻法解释（二）》第二十四条和“内外有别论”司法现状简介

直接适用《婚姻法解释（二）》第二十四条和“内外有别论”判决的案件，“三多”现象突出，即申诉上访的多、检察院抗诉的多、再审改判的多。

（一）“三多”现象典型案件例示

【典型案例1】丈夫林某与郑某虚构借款140万元，法院判决生效后，妻子殷某不服向检察院申诉，此间因郑某竟假戏真做，要求林某偿还“欠款”，林某被迫到检察院吐出虚假债务真情，该虚假债务真相才得以澄清。2013年山东省潍坊市奎文区法院再审改判。①

【典型案例2】福建德化县徐某与陈某2013年3月中旬在法院进行虚假诉讼，确认陈某欠徐某债务40万元。2013年4月郑某、陈某离婚诉讼时，陈某据此主张40万元债务，法院认定债务40万元。郑某到检察院反映，经检察院移送公安查明系虚假债务，法院再审改判。②

【典型案例3】丈夫袁某为了转移财产，让妻子净身出户，便和他三个姐姐制造虚假债务，罗女士离婚时被判净身出户。罗女士申诉后，江岸区检察院向武汉市检察院提请抗诉，案件再审改判，罗女士挣回400万元财产。2013年春节，罗女士专程来到江岸区检察院，给办案检察官送锦旗。③

【典型案例4】离婚前夕，刘某、李某被陈某告上法庭，索要百万元债务，陈某出具借条及抵押的房产证。一审判决认为，刘某借款100万元，李某不能证明此笔款未用于夫妻共同生活，因此判决两人还债。李某称不知晓此借款，借款系刘某个人债务，遂上诉。此案几经诉讼，2013年10月，武汉中院发回洪山法院重审。洪山法院再审认定，100万元借款系赌场放的码钱，不予保

① 卢金增、玄承瑛、齐丽文：《揭开百万欠款“面纱”》，载《检察日报》2013年8月22日第6版，http：//newspaper. jcrb. com/html/2013－08/22/content_ 139384. htm

② 《福建：公检法形成合力，联手打击虚假诉讼“阻截”假官司》，载《检察日报》2013年8月14日。

③ 《武汉夫妻离婚妻子被净身出户 抗诉争回400万财产》，载荆楚网 http：//news. cnhubei. com/xw/sh/201303/t2520570. shtml.

护，驳回债主诉求。[①]

【典型案例5】朱女士因其前夫詹先生在婚姻关系存续期间借原告黄先生人民币560万元，宝安区人民法院一审判决朱女士与詹先生连带承担此笔债务。判决生效后，朱女士不服向深圳市中级人民法院申请再审，深圳中院发回宝安区人民法院重审，经宝安区人民法院重审，驳回了原告黄先生要求朱女士对560万元所谓夫妻债务承担连带偿还责任的请求。[②]

【典型案例6】长沙陈姓女子在2011年离婚前，密集陷入8起前夫借贷案，借款数额达330余万元，借款时间集中在半年多时间里，法院认定为夫妻共同债务，并判决陈姓女子连带清偿前夫300余万元债务。陈女申诉后，2013年8件案件全部再审。[③]

这样的案例还有："福建省连城县离婚时意外冒出35万共同债务 检察院抗诉纠错案""2012秦淮区夫妻闹离婚 小三冒出来讨债 检察官帮妻子成功抗诉""2012江苏淮安市检察院成功抗诉让隐形债务人现身""2013年淮阴区90后单身女孩蹊跷被结婚 还被判替'夫'还贷款，淮阴区检察院就此提请淮安市检察院抗诉""2014年武汉检察院抗诉改判四起夫妻债务案件"[④]，等等。

这类案件举不胜举，仅笔者收集的即有一百多件。毫不夸张地说，凡是直接适用《婚姻法解释（二）》第二十四条和"内外有别论"推定为夫妻共同债务的案件，几乎都是错案。上述被抗诉、再审、改判的案件，其共同特点也都是直接适用《婚姻法解释（二）》第二十四条的结果。

（二）直接适用《婚姻法解释（二）》第二十四条和"内外有别论"，可以将嫖娼、赌博等违法债务轻易推定为夫妻共同债务

如陈某因嫖娼被抓获，陈某带口信要其好友张某帮助交罚款5000元以换取人身自由。陈某与其妻刘某离婚之后，张某根据陈某出具的4万元借据起诉

① 《半路夫妻摊上百万元债务》，载长江商报官方网站 http://www.changjiangtimes.com/2013/12/466281.html.

② 载 http://lvshi.sz.bendibao.com/news/2010715/223091.shtm

③ 《长沙女子离婚前突陷前夫借贷案，8案全败背上300余万债务》，载《法治周末》2013年6月9日。

④ 《一方赌债是否夫妻共同债务——法院重审改判支持检察院抗诉意见》，载《检察日报》2014年5月8日；《黄石34名婚姻受害者喊冤 专家称婚姻法存漏洞》，载《楚天时报》2014年4月1日。

要求陈某与其妻刘某共同偿还。其理由是4万元借款发生在夫妻关系存续期间。刘某抗辩自己不知道借款，也没有用于夫妻共同生活，但无法证实，也没有两种免责条件。直接适用《婚姻法解释（二）》第二十四条和“内外有别论”，这4万元违法债务和其中的虚假债务，都应推定为夫妻共同债务。

（三）直接适用《婚姻法解释（二）》第二十四条和“内外有别论”，可以使“债务人”与“债权人”角色转换

由于债权人不承担举证责任，则使举债一方的举证责任形同虚设，举债方可以轻易逃避举证责任。比如举债方对自己的赌博等违法举债，无法证明用于家庭共同生活时，则完全可以不参加诉讼或不主张，由“债权人”起诉。而债权人也不对债务性质承担举证责任，其违法举债或者虚假举债，就可以轻易推定为夫妻共同债务。不仅如此，夫妻一方与他人恶意串通的虚假债务，也因“债权人”不承担举证责任，由“债权人”起诉夫妻双方，“债务人”就可以轻易通过“债权人”之手，把虚假债务推定为夫妻债务，实现诈骗夫妻另一方财产的目的。

（四）《婚姻法解释（二）》第二十四条和“内外有别论”，可以被人无限恶意利用

直接适用《婚姻法解释（二）》第二十四条和“内外有别论”，除了可以被人利用虚构债务，诈取对方财产，或者将违法举债和恶意举债变成夫妻债务外，还可以用作威胁离婚或不离婚的武器，用于干扰妇女生活的工具等等。

比如，有一个女子反映，丈夫在外面有“小三”，即提出要求与该女子离婚，该女子不同意离婚，丈夫则威胁说，“不离婚可以，那就要承担巨额债务”。果然，随之而来是数百万的债务诉讼，该女子陷入无边诉讼，被迫离婚，并背负巨额债务。

与之相反的是，还有的女子想离婚，男方则以巨额债务威胁“离婚就得承担巨额债务”，以此限制女方离婚。湖南长沙雨花区还出现“六年情伤换来9亿元债务，想离婚？先还4亿元债务”案。①

---

①《夫妻共同债务坑前妻：夫债妻还 她们卸下婚姻背上巨债》，载 http://news.fengone.com/b/20131024/562072.html.

可见，直接适用《婚姻法解释（二）》第二十四条和“内外有别论”，容易破坏婚姻的安定性，增加婚姻的风险，而其中受害最多、最大的则是妇女。

二、当前处理夫妻债务需要有正确的思维与方法

出现上述错误的主要有两个原因：一是《婚姻法解释（二）》第二十四条存在缺陷；二是一些法官没有从婚姻法的立法精神和家事代理权的基本原理上把握夫妻一方借贷另一方承担连带责任的条件，机械适用甚至错误理解第二十四条。

鉴于《婚姻法解释（二）》第二十四条和“内外有别论”存在严重缺陷，理解和处理夫妻债务，需要扩展思路和视野，即要把法理与法条相结合；家事代理制度与夫妻举债范围相结合；婚姻法与司法解释相结合；科学标准与科学方法相结合。认定和判断夫妻债务，应当具有立体思维模式与方法。具体说，应当从四个方面入手：即识别三个错误，走出十个误区，明确两个重心，掌握两种方法。

（一）识别三个错误

一是以“婚姻关系”作为债务推定的根据或基础错误。夫妻一方对外承担连带责任的理论基础是家事代理权，应当以家事代理作为夫妻债务的理论基础；以“婚姻关系”为基础的推定，其致命缺陷在于混淆了婚姻关系期间夫妻对外交往中的家事代理与非家事代理甚至违法活动的界限，把夫妻之间的一切行为都视为家事代理。从而导致“婚姻关系是个筐，任何债务往里装”的错误现象。

二是保护第三人的立法目的和范围错误。保护第三人的目的是为了维护交易安全，其范围仅限于善意第三人，并非是无原则或无边界的。而“内外有别论”则另立标准，无条件保护债权人。其结果不仅没有保护交易安全，反而破坏了交易安全，导致夫妻之间虚假债务满天飞，并为夫妻恶意举债提供了方便，破坏了正常的交易秩序，实质上是保护了虚假或违法交易。所谓保护善意债权人，实际上也变成了保护恶意债权人，甚至是“莫须有”的假债权人。

三是举证责任分配错误。夫妻举债尤其是一方举债，其举证责任重点是举债事实的真实性和关联性的证明责任。但《婚姻法解释（二）》第二十四条根本没有解决这一问题，反而错误地以两项几乎不存在、与举债真实性和关联性

无关的排除事由，替代举债真实性和关联性举证责任，从而实现了举证责任“暗度陈仓”的转换，将举债事实的真实性和关联性的举证责任转嫁给非举债方。我们不妨对第二十四条举证责任做一个简单剖析，就可以发现第二十四条对债权人主张夫妻债务的举证责任并没有规范。根据第二十四条规定，债权人就婚姻关系存续期间夫妻一方以个人名义所负债务主张权利的，排除另一方责任的情形只有两项：一是非举证一方能够证明债权人与债务人明确约定为个人债务；二是非举证一方能够证明属于婚姻法第十九条第三款规定（即约定分别财产制）的情形。

上述两项排除责任的情形，在一般夫妻债务中没有适用的空间。现在我们可以一层一层地脱去上述两项举证责任的外衣：第一，在目前的婚姻关系中，几乎都是采用“婚后所得共同制”，极少采取约定分别财产制的情况。因而，所谓“非举证一方能够证明属于婚姻法第十九条第三款规定的情形”，这对共同财产制下的夫妻债务根本不适用。第二，在婚后所得共同制下，也很少有债权人与债务人明确约定为个人债务的情形（即使有约定，非举证夫妻一方也无法证明）。因而，在共同财产制下的夫妻债务，所谓“非举证一方能够证明债权人与债务人明确约定为个人债务”的规定，也难有适用的条件或可能。

我们脱去上述两项举证责任的外衣或面纱后，则不难发现，在共同财产制下，债权人与债务人没有约定为个人债务的情形，其举证责任由谁承担，《婚姻法解释（二）》第二十四条事实上并没有规定，处于“空挡”状态。

也就是说，在共同财产制中，债权人与债务人没有约定为个人的债务，其举债是否属实或是否用于家庭生活的举证责任没有规定的情况下，用两项几乎不存在的排除事由，掩饰或搪塞了真正的举证责任，并在无形之中将举证责任转换给非举证一方。这就是第二十四条的最大缺陷所在。

由于第二十四条在没有确定举债事实的真实性和关联性的前提下，由夫妻另一方承担两项无关的举证责任，并由此推定是否属于夫妻共同债务，显然存在两个明显的缺陷：一是虚假债务或恶意债务根本没有查清，更无法排除；二是按照这种逻辑思维，除非债权人在诉讼中自己承认是恶意串通的虚假债务或恶意债务，否则，即使举债人承认是虚假债务或恶意债务，非举债配偶一方没有证明两项排除事由，也会被认为是夫妻之间恶意串通逃债而认定为夫妻共同债务。这样的定案规则到底有什么科学性？赋予债权人于绝对保护、无限保护的地位有什么根据或意义？

（二）应当走出处理夫妻债务的十个误区

目前在理解和处理夫妻债务存在十个误区，这十个误区容易导致认定和处理夫妻债务错误，需要一一澄清，才能走出误区。

1. 夫妻逃避债务的误区。不少人认为，夫妻可以恶意串通，通过虚构债务事实逃避债务，这是一个误区。夫妻之间逃避债务主要手段是通过虚假离婚，或者夫妻之间通过协议分割财产的方式逃避债务（包括法院调解协议）。《婚姻法解释（二）》第二十四条关于债权人起诉索债的情形，核心是如何认定债务事实和性质。对此，夫妻之间串通逃避债务的少，而且债务事实和性质的认定，需要法官或法院的确认，夫妻之间无法通过串通达到逃避目的。

2. 夫妻借贷型家事代理与其他家事代理的误区。夫妻借贷型家事代理，发生在相互熟悉、信任、了解其家庭状况的特定人之间。其他家事代理，发生在不特定、不熟悉人之间。两者的认定标准或方法不同，将其他家事代理的认定标准或方法，适用于借贷型家事代理是错误的。在夫妻生活中，家事代理的范围非常广泛，涉及各个方面家事活动或事务。而不同家事代理活动或行为，其认定标准或方法并不一样。但在司法实践中，一般没有将借贷型家事代理与其他家事代理进行区别，把借贷型家事代理等同于其他家事代理，并用一般家事代理的判断标准或方法判断借贷型家事代理的效力，这是不可取的。

实际上，借贷型家事代理与其他家事代理是有区别的。一方借贷只是家事代理中的极少部分，更多的家事代理发生在与夫妻关系不熟悉、不特定的第三人之间的非借贷型其他领域中，如夫妻一方到商场购买商品、到机场购买机票、雇人维修房屋或水管，等等。在一般情况下，这种家事代理，对双方都有效力，另一方不得以不知道或未授权等理由退货、退票或拒付货款或工资。而借贷型家事代理，与一般家事代理不同，最主要区别是：（1）发生在相互熟悉并具有一定信赖关系的双方当事人之间，即债权人与夫妻双方或一方熟悉，并相互具有一定的信赖关系。与夫妻不熟悉、缺乏信赖的人是不会将资金出借夫妻一方的。（2）债权人不仅对借款人的个人人品了解，对其家庭情况也比较熟悉，一般可以对借款风险有预知或掌控。（3）借贷型家事代理具有两面性，即具有真实与虚假、为家庭与为个人等两种可能。由于借贷型家事代理与其他家事代理有所不同，在判断借贷型家事代理中，债权人是否属于善意，也应当与一般家事代理有所区别，其要求应更严格一些。

3. 债权人不能举证的误区。不少人认为，债权人没有举证能力，不能承担举证责任。这是一个误区。稍有生活常识的人都会知道，债权人对于不熟悉、不信任的人，是不会出借资金的。而且不了解借款用途、不对借款风险进行评估，也是不会出借资金的。因而，债权人对借款及其相关事实并非不知情，并非完全没有举证能力。他在主张权利时完全可以就借款及其相关事实承担相应的举证责任，至少应当对自己有理由相信属于夫妻债务的事实和善意，承担举证责任或说明。

4. 确认夫妻共同债务与偿还夫妻共同债务的误区。确认夫妻共同债务是根据举债事实，确认是否符合夫妻共同债务的性质。对此，必须坚持夫妻共同债务标准，不能在夫妻之间彼此不分问题。而偿还夫妻共同债务则不同，它是在确定属于夫妻共同债务的前提下，决定由一方或双方分担。偿还夫妻债务可以不分彼此，债权人可以向夫妻一方或双方主张偿还。

处理夫妻共同债务，首先必须确认是否属于夫妻共同债务，然后才是偿还问题。在司法实践中，常常混淆确认夫妻债务与偿还夫妻共同债务的界限，对于确认夫妻债务也不分彼此，这是错误的。与此同时，应当正确区分转移夫妻共同债务与转移夫妻共同财产的界限。转移夫妻共同债务，是将夫妻共同债务的举债事实说成或推卸是一方举债，但因其需要法院认可，夫妻本身无法达到目的。转移夫妻共同财产，是将夫妻共同财产转移到夫妻一方名下，夫妻可以自行完成，但其转移无效。

5. 夫妻内部追偿的误区。在未确认是否属于夫妻共同债务的前提下，所谓非举债一方对第三人承担连带责任后，可以向举债一方追偿，这完全是误区。第一，追偿只能发生在具有连带责任的债务中，即对于符合连带责任条件的债务，另一方偿还后可以追偿。而不是任何债务都替他人偿还后再追偿。因而，对于另一方的违法债务或虚假债务，非举债方依法不应当承担责任的，不存在先偿还再追偿问题，“先偿还”缺乏法律根据。第二，追偿事实上是“水中月”“镜中花”，也根本无法实现。从司法实践来看，对于虚假举债或恶意举债之后，由债权人出面主张非举债一方配偶承担连带责任的，往往是举债人已经转移、隐匿财产或者举债人因赌博等恶意举债身陷困境，毫无给付能力时，债权人才主张非举债方给付。不论属于哪种情况，追偿都只是一个逻辑上的推论，根本无法实现。而且所谓非举债一方的连带责任，往往变成了事实上的全部责任 。因而，这种“追偿说”实质上是一种“坑人说”。

6. 夫妻共同债务中一般夫妻债务与准夫妻债务认定标准的误区。对于凡是用于夫妻生活或家庭生活或家庭经营的债务，不论是一方或双方举债，都要认定为夫妻共同债务。这是一般夫妻债务（或普通夫妻共同债务）的认定规则。但对于一方否认或无法证明用于夫妻生活或家庭生活或家庭经营的债务，只有在债权人属于善意的情况下，才能判决另一方承担连带责任。即只有在债权人无法辨别一方属于滥用家事代理权，或者有理由相信属于夫妻共同合意的情况下，才能判决另一承担连带责任。而且债权人必须对自己的善意承担举证责任或说明。这是准夫妻共同债务（或特殊夫妻债务）的认定规则。实践中，对一般妻债务与准夫妻债务认定标准存在误区，甚至混淆两者的区别，把发生在婚姻关系中的一切债务都认定为夫妻债务。

7. 家事代理与非家事代理的误区。实践中，往往把婚姻关系存续期间一方的任何行为都视为家事行为，这也是误区。家事代理有两个显著特征：一是因家庭共同生活需要而为的行为；二是属于“日常家庭事务”。前者是界定家事代理的性质，后者则是界定家事代理的范围。因而，并非一方在婚姻关系存续期间的任何行为都是家事代理行为。

8. 一方滥用家事代理权承担连带责任的误区。夫妻一方权利的滥用必须是家事代理权的滥用，即举债人在客观上应具有家事代理的客观外在表象。其具体要件包括四个方面：一是具有家事代理性质；二是属于日常家事代理范围；三是不属于需要共同决定的重大家庭事务；四是债权人存在善意。因而，认为一方任何滥用家事代理权的行为，都可以要求另一方承担连带责任的观点，是错误的。

9. 法定所得共有制与共同债务关系的误区。有学者认为，“ 在婚姻关系存续期间以一方或双方的名义发生的债务，原则上均认定为夫妻共同债务并无不妥”。因为“我国法定财产制为婚后所得共同制，对于交易第三人来讲，具有公示公信力。我国夫妻债务范围的界定也应遵循这一标准，即婚前一方所负债务为夫妻一方的个人债务，婚姻关系存续期间夫妻一方或双方所负债务为夫妻共同债务”。① 也有法官认为，“夫妻关系在人身上是信任关系，借债一方应当将举债的事实告知配偶，在经济上是一体关系，夫妻关系存续期间所得财产为夫妻共同财产，依权利义务一致的法理，夫妻关系存续期间的债务认定为夫妻共同债务亦符合公平原则，这一规定体现了我国婚姻法对夫妻间应当同甘共苦的家庭道德理念”。② 这实际上是把夫妻所得共有制作为认定或判断夫妻债务的根据。这也是一个误区。其错误原因主要在于没有弄清婚后所得共有制与婚后债务共同承担的逻辑连接点是什么？婚姻关系存续期间所得财产为夫妻共同财产，其债务为夫妻共同债务的逻辑连接点，应当是用于创造夫妻共同财产所负的债务，或者用于维持家庭共同生活所负的债务，属于夫妻共同债务。也就是说债务必须要与婚后所得共同财产（或共同生活）存在逻辑联系。如果一方举债与婚后所得共同财产（或共同生活）不存在逻辑联系，完全是个人挥霍浪费或赌博等违法举债，则不属于夫妻共同债务。这就如同合伙一样，合伙收益共同所有，合伙债务共同承担。但每个合伙人的债务，必须是用来合伙经营或合伙人共同利益的债务，才属于合伙债务，才能由合伙人共同承担。因而，不能简单地把夫妻法定所得共有制与共同债务相等同。除此之外，夫妻之间的积极财产与消极财产的性质不同，也不能采取相同的标准评判。

10. 夫妻债务内外有别论的误区。“内外有别”，主要是债务分担上的内外有别。一是对于典型或一般夫妻共同债务，本来应当由夫妻共同偿还，但夫妻之间约定或法院判决由一方偿还。这种约定或判决只能对夫妻双方有约束力，对债权人没有约束力。这是内外有别的最常见、最典型的情形。二是一方滥用日常家事代理权举债，本来应当由举债方个人承担，但债权人属于善意者，非举债方承担责任内外有别。即非举债方对善意债权人承担责任，但在夫妻内部不承担责任。这是内外有别的特殊情形。除此之外，不存在其他内外有别的情

① 孙艳军：《我国夫妻财产制的发展趋势研究》，博士论文，载 http：//www. lunwenstudy. com/hunyinfabs/20421. html.

② 叶城斌：《婚姻法解释（二）第 24 条的反思与坚持》，http：//article. chinalawinfo. com/Article_ Detail. asp？ArticleId = 74171。

形。在认定夫妻债务的事实和判断债务性质的标准上内外都是一致的，即要么属于典型的夫妻债务，要么属于滥用日常家事代理权所产生的准夫妻债务，不可能出现不同的判断标准。目前，在债务事实和性质的判断上，也采取双重标准的“内外有别”，显然陷入了“内外有别”的误区。比如债权人不承担举证责任，将会留下举证漏洞，导致举证责任不周延，举债一方的举证责任形同虚设，举债方对自己的赌博等违法举债或者与“债权人”恶意串通的虚假举债，都可以不参加诉讼或不主张，由“债权人”起诉，利用“债权人”之手诈取另一方财产或者将恶意举债转化为合法之债。

（三）认定夫妻债务应当明确两个重心

认定夫妻债务应当明确两个不同的审判重心，即夫妻协议离婚、夫妻分割财产，其重心是防止逃债；第三人主张债权，夫妻一方主张债务，其重心是防止虚假或恶意债务。从现实情况看，夫妻逃避债务，主要是通过协议离婚、夫妻分割财产等手段逃避债务。在第三人主张债权，夫妻一方主张债务，双方恶意串通、虚构事实逃债的情况，不能说没有，但实属少见，且需要得到法院确认才能完成。因而，只要有科学的规则，夫妻之间是无法通过虚构事实逃避债务的。明确这两个重心，对制定夫妻债务处理规则，确定审理策略和方法都有好处。比如，《婚姻法解释（二）》第二十四条的重心应当是防止虚假或恶意债务，而不是防止夫妻逃避债务；《婚姻法解释（二）》第二十五条的重心才是防止夫妻逃债。如果两者重心不分，不仅造成立法上疏漏，司法上也会出现偏差。对于适用第二十四条处理夫妻债务案件时，应当把重心放在防止虚假或恶意债务上。但目前在司法实践中，却把重心放在防止夫妻逃避债务上，这显然没有把握案件的基本特征。

（四）认定夫妻债务应当掌握两个方法

认定夫妻债务不仅要有科学的标准或规则，也要有科学的方法，科学标准是前提，科学方法是补充，要把两者结合起来。从司法实践来看，处理夫妻债务，应当掌握下列两种方法。

1. 三角关系定位法

所谓三角关系定位法，就是对夫妻双方与债权人之间的三者关系进行定位。对于债权人起诉的夫妻债务案件，首先要确定夫妻双方与债权人三者之间利害关系链，即确定谁与谁是利益攸关方？在此基础上确定举证责任和审理重点。

三角关系定位法，对决定审理重点和方向以及分配举证等，都具有重要意义。夫妻一方的举债，到底是恶意举债或虚假举债，还是夫妻串通恶意逃债，都可以通过三角关系定位法加以甄别。

如据央视《今日说法》等媒体介绍，因富豪丈夫邹志坚在外包养情妇12年，东窗事发后赖雪连起诉离婚，邹志坚虽然表示愿意净身出户，却又声称有近2000万元的债款要求夫妻双方共同承担。① 依据该案的背景事实，夫妻双方显然不是利益共同体，不存在夫妻串通、恶意逃债的可能。相反，则存在虚假债务或恶意举债的可能。因而，在这类案件中可以排除夫妻串通、恶意逃债的可能，而应当考虑有无恶意举债的可能。如果该债务由债权人起诉，邹志坚不能对该债务的真实性或用于夫妻共同经营予以证明，债权人也不能对该债务的真实性或用于夫妻共同经营予以证明，则不能适用《婚姻法解释（二）》第二十四条认定为夫妻共同债务。很显然，在这里其重心应当是防止虚假债务或恶意举债，而不是防止夫妻恶意逃避债务。

又如原告杜女士与被告单先生夫妻两人原系山东老乡兼朋友。2010年底，杜女士向宝山法院起诉，要求单先生夫妻两人承担连带责任归还借款270万元。被告单先生对借款数额及借款均予以确认，并表示该借款属夫妻共同债务。但妻子非常恼火，称夫妻关系不和，正在闹离婚，原告与单先生系姘居关系，故意伪造借贷关系意图转移夫妻共同财产。她还提交了离婚协议书及警方关于抓奸接报回执单等证据。②

在上述案件中，原告杜女士与被告单先生系姘居关系，单先生与妻子正在闹离婚，杜女士与被告单先生显然是利益攸关方，单先生与妻子恶意逃债的可能小，杜女士与单先生恶意举债或虚假债务的可能性大。

---

① 关于《广州日报》《今日关注》报道，邹志坚、赖雪连离婚纠纷一事的法律分析；广州市花都区人民法院民事判决书（2010）花法民一初字第626号，载 http：//chinabarrister. cn/new_info. asp? id = 341；《妻子上电视揭发富豪丈夫包情妇 被反指多次出轨》，载 http：//www. xunauto. com/cms/plus/view. php? aid = 9049.

② 《丈夫承诺夫妻共同归还女朋友270万 妻子不认账当庭提供警方抓奸接报回执单 法院判决丈夫一人承担还款义务》，载《上海法治报》2011年5月16日。

在具体案件中，确定夫妻双方与债权人之间的三者利害关系链，应当查明下列相关案件事实。

第一，借贷纠纷发生时夫妻关系存否及其背景事实。即借贷纠纷是发生在离婚中还是在离婚后？已经离婚的，是真离婚还是假离婚？以判断是恶意举债与夫妻恶意逃债的哪一种可能存在。一般来讲，真正离婚的夫妻，债权人起诉债务的，夫妻恶意串通逃债的可能性小。

第二，借贷纠纷发生时夫妻之间的关系好坏。夫妻关系恶化或敌意很深的夫妻，双方恶意逃债的可能性几乎没有。

第三，借款人与出借人的关系，如出借人是父母或兄弟姐妹，或者借款人与出借人是至交朋友或同学等，借款人一般是不会与夫妻另一方恶意串通逃避债务。因而，当上述关系人作为债权人起诉时，如果借款人与出借人均不能提供借款的用途有效证明，则判断恶意举债或虚假举债的可能性大。

第四，有无借款的条件，即借款人是否需要借款，出借人是否有借款能力或资金，有无合理的借款用途等事实。

2. 虚假债务与债权人善意辨别法

虚假债务与债权人善意辨别法，就是要掌握辨别虚假债务与债权人善意的方法，善于发现或识别虚假债务或债权人善意或恶意。从司法实践来看，辨别虚假债务与债权人是否善意，应当考察借款背景的诸多事实，包括时间长短、数额大小、借款或还款能力、借款事由、双方关系、出借人和借款人品行、债务人家庭的家事管理习惯等，都是判断是否属于虚假债务或债权人善意必须考量的内容。

如借款数额大、时间短、超过偿还能力的借款，债权人不能证明或不能说明其善意，一般是赌博等违法借贷（甚至是违法借贷并伴有高利贷），或者是虚假债务。又如，除非家里有特殊急事或特殊需要，一般也不会超过偿还能力借款，债权人也不会冒着风险出借。因而，对于超过偿还能力的借款，举债人和债权人不能说明用途或合理解释，十有八九属于违法债务或虚假债务。

何谓债权人善意借贷，就是债权人对于一方举债用于日常生活需要有合理信赖，无法判断或辨别举债人属于滥用家事代理权。“善意”是“恶意”的对称。在民法上，善意指当事人不知道足以影响法律效力的有关事实，并对这种不知道没有过失。在夫妻一方举债中，对债权人来讲，善意是指债权人有理由相信夫妻一方的举债属于正常的家事代理，不知或无法判断举债人属于无权举债或滥用家事代理权。

债权人善意与非善意，虽然看似是一个单纯的主观问题，但实际上有客观判断基础。因而，判断是否善意，应当根据客观情势或一般交易经验为断。一般来讲，有下列情形之一者，债权人属于善意：（1）借款数额在家庭开支合理范围内。（2）借款数额在借款人有权决定范围内。这里应当区分有无单独决定家事权。（3）有合理的借贷事由存在。在客观上有借款背景事实或表象事实（比如有子女上学或家人生病住院需要借款的事实）。（4）有其他使债权人无法判断举债人属于无权举债或滥用家事代理权的情形。

与之相反的是非善意，即债权人在借款时存在恶意，或者可以推定存在恶意或非善意。一般来讲，有下列情形之一者，债权人属于非善意：（1）借款人明显超出家事代理的范围。如其借款数额明显超出该家庭的合理收支范围或正常需求的。这主要从借款人的家庭经济状况与实际借款数额、实际需要等因素上进行判断。（2）明显不是用于家庭开支。有些举债，单从数额看，可能在家事代理权限范围内，但依据当时的客观事实，债权人知道或应当知道不是用于家庭开支，而是举债人滥用家事代理权。如在赌场向举债人借贷，不论数额大小，都不是正常家事需要。（3）债权人明知举债人长期游手好闲或赌博成性，不理家政，而向其借款。（4）其他债权人知道或者应当知道举债人属于恶意举债的情形。

“两种方法”属于经验法则，需要法官根据审判经验和具体案情加以甄别，无法面面俱到。

三、应当重新构建债权人利益与夫妻利益平衡保护规则

目前债权人主张夫妻共同债务之所以陷入不公困境，主要是判断夫妻共同债务的标准和举证责任分配错误。而其原因就在于脱离了家事代理的基本原理，没有区分两种不同性质的债务及其判断规则。因此，解决夫妻债务的判断标准和举证责任分配规则，应当以家事代理为基础，根据夫妻行为的不同性质区分不同夫妻共同债务的性质，合理分配举证责任。同时，对夫妻之间关于夫妻债务分担约定的效力予以限制。这样既可以保证债务事实和性质认定上的真实性和科学性，又可以防止夫妻通过约定转移财产逃避债务。

（一）应当建立一般夫妻债务与准夫妻债务的不同概念

所谓一般夫妻共同债务，是指因家庭日常生活或其他需要所负债务，或者经夫妻合意由双方共同偿还的债务。这是通常的或普通的夫妻共同债务。一般夫妻共同债务，应当由夫妻共同偿还。对此，在理论上和司法实践中认识比较统一，这里不再赘述。

所谓准夫妻共同债务，是指因夫妻一方滥用日常家事代理权对善意债权人承担连带责任的债务。准夫妻共同债务有四个主要特征：一是属于一方滥用日常家事代理权所生之债务；二是举债人在形式上具有家事代理的外部特征；三是债权人无法辨别属于滥用日常家事代理权，主观上属于善意；四是夫妻一方对对善意债权人承担连带责任后，可以向他方追偿。

“准夫妻共同债务”，是一种非严格意义上的夫妻共同债务或特殊性质的夫妻共同债务。使用“准夫妻共同债务”概念，以便区别于一般夫妻共同债务。其意义在于把夫妻共同债务一分为二，以免混淆不同性质夫妻共同债务的不同构成要件、不同法律效果和举证责任。其优点有三：其一，便于司法判断和操作。两种不同性质的夫妻共同债务，分别有不同的构成要件和不同的法律效果，一目了然。法官可以根据不同性质处理不同的夫妻共同债务，有利于准确判断夫妻共同债务和正确适用法律。其二，把“准夫妻共同债务”作为特殊性质的夫妻共同债务，对善意债权人利益的保护更加明确具体，可以更有效地保护债权人利益。其三，可以防止偏颇和失衡。对于夫妻一方滥用家事代理权，另一方承担连带责任的条件限定在债权人善意范围内，避免连带责任扩大化，防止对债权人的保护过于偏颇，兼顾对了夫妻另一方利益的合理保护，使法律更加和谐与衡平。“准夫妻共同债务”的设立，不仅合理界定了夫妻一方对外承担特殊连带责任的条件和范围，也有利于举证责任的分配。

根据家事代理制度的原理，一方举债必须具有家事代理性质，即把必须因家事需要而举债，才能认定夫妻共同债务。一方举债超越家事代理范围和性质，另一方对债权人承担连带责任，必须符合准夫妻共同债务的特征。

使用“准夫妻共同债务”概念，有其独特的意义。可以说，它具有四两拨千斤的平衡木作用，一举打开了困扰夫妻共同债务的死结。

在目前的司法实践中，对一般夫妻共同债务的认定和处理并不困难，难就难在一般夫妻债务之外的债务，夫妻一方应当在何种范围内承担连带责任。由于现行法律和相关规则没有区分一般夫妻债务与准夫妻共同债务，没有将一般夫妻债务之外的债务视为特殊性质的夫妻共同债务，从而导致一般夫妻债务与准夫妻共同债务的认定标准混同，将夫妻一方滥用家事代理权所生债务一律按一般夫妻共同债务处理，甚至将婚姻关系存续期间的一切债务，都作为夫妻共同债务处理，使夫妻共同债务的范围无限扩大。很显然，困扰司法的症结实际上就是除一般夫妻债务外，夫妻一方应当承担连带责任的条件和范围不明确。只要解决了这一症结，夫妻债务的难点就会迎刃而解。而根据家事代理的不同性质对夫妻共同债务进行分类，将一般夫妻共同债务与“准夫妻共同债务”加以区别，并明确“准夫妻共同债务”的构成条件和责任形式，实际上就找到了打开夫妻债务门锁的另一把钥匙，有了这把钥匙，困扰认定夫妻共同债务的司法难点就会因此而破解。

（二）应当以家事代理为平衡木构建平衡保护规则

夫妻一方举债，另一方是否承担责任，其关键在于是否属于家事代理。因而，对于夫妻一方举债，债权人主张另一方是否承担责任的，重点是要查明举债事实的真实性和关联性，即查明举债事实是否存在和是否与家庭共同生活有关。而要解决这一问题，需要科学分配举证责任。

《婚姻法解释（二）》第二十四条，对于夫妻一方举债是否真实或是否用于家庭生活的举证责任没有规范的情况下，则以两项几乎不存在、且与举债真实性和关联性无关的排除事由，替代举债事实真实性和关联性的举证责任，从而导致举证责任“暗度陈仓”，将举债事实的真实性和关联性的举证责任转嫁给非举债方。这实际上是用两项几乎不存在的排除事由，掩饰或搪塞了真正的举证责任。从而导致在共同财产制下，只要不能证明约定为一方个人债务的，都要推定为共同债务的不合理现象。由于我国少有实行分别财产制，而且在共同财产制下，一方举债也几乎没有约定为一方个人债务。因而，夫妻一方举债，主要是要解决在共同财产制下，没有约定为一方个人债务的情况下，其债务性质如何判断，其举证责任如何分配。

我们认为，在共同财产制下，一方举债没有约定为一方个人债务时，判断是否属于夫妻共同债务，必须坚持以“家事代理”为平衡木，以“用于夫妻共同生活”和“债权人善意”作为两个砝码。只有这样，才能实现保护夫妻一方利益与债权人利益的平衡。“家事代理”是决定夫妻之间相互承担连带责任的基础，也是判断是否属于夫妻债务的基本准则或平衡木。而“用于夫妻共同生活的债务”，是家事代理的典型形态；“债权人善意”，则是基于夫妻具有家事代理权而对债权人产生的合理信赖，是家事代理的延伸形态。因而，将这两种形态作为“两个砝码”，与家事代理相呼应，构成判断夫妻债务的科学规则。对于夫妻一方举债，无论是何种情形，都不能离开夫妻债务的平衡木和两个砝码，否则，就可能导致夫妻债务失衡。在司法实践中，对于一般夫妻债务、准夫妻债务以及超越家事代理权的巨额举债，都要根据上述规则判断，并结合不同情形合理分配举证责任。

1. 债权人对一般夫妻债务主张权利的，应当承担相应的举证责任。债权人主张一方举债属于一方因日常生活或家庭其他需要而举债，要求另一方承担连带责任的，应当对债务的真实性承担举证责任。在举债人没有出庭或者出庭后不能证明其举债用于日常生活或家庭其他需要时，债权人应当承担补充举证责任，证明其债务用于日常生活或家庭其他需要。如果举债人或债权人均不能证明其债务用于日常生活或家庭其他需要的，则不能按一般夫妻共同债务处理。

因为债权人既然主张一方举债属于因日常生活或其他家庭需要所举债，他就应当承担相应的举证责任。尤其在举债人没有出庭或者出庭后不能证明其举债用于日常生活或其他家庭需要时，债权人不承担对举债性质的补充举证责任，则根本无法认定该债务用于日常生活或其他家庭需要。因而，债权人应当承担相应的举证责任。否则，法院凭什么判断其主张的债务属于用于日常生活或其他家庭需要的债务？在理论上和司法实践中，不少人主张债权人不承担举证责任。这种观点不仅不符合谁主张谁举证的原则，也容易造成举证责任不周延，更会导致债务事实推定错误，是不可取的。

2. 债权人对准夫妻债务张权利的，应当承担其善意的举证责任或合理解释。举债人和债权人都无法证明一方举债属于因日常生活或其他家庭需要所举债，债权人主张另一方承担连带责任，必须符合准夫妻债务条件。而是否符合准夫妻债务条件，债权人也应当承担相应的举证责任或合理解释。

因为基于家事代理由另一方夫妻承担连带责任的情形，除了一般夫妻债务外，只有准夫妻债务。准夫妻债务虽然不同于一般夫妻共同债务，不是严格意义上的夫妻债务，但由于债权人无法辨别一方举债属于滥用家事代理权，为了保护善意债权人，夫妻他方亦应对善意债权人承担偿还责任。但债权人对夫妻他方主张权利时，应当对自己有理由相信用于日常生活或家庭其他需要，或“无法辨别”的善意承担举证责任或合理解释。债权人无法对自己有理由相信该债务用于日常生活或家庭其他需要的善意予以证明或合理解释的，则不构成准夫妻共同债务，夫妻他方不应承担偿还责任。

3. 夫妻一方超越日常生活需要的巨额举债，债权人主张另一方承担责任时，应当承担相应的举证责任。对于超越日常生活需要范围的巨额举债，应当由夫妻共同合意。但债权人有理由相信是夫妻共同合意，或者有证据证明其举债用于夫妻共同生活或家庭其他需要的，夫妻他方亦应承担偿还责任。

不少人主张对于夫妻举债，应当由夫妻共同签字才能认定共同债务。这虽然有一定道理，但我并不赞成。一是对于日常家事代理都要夫妻签字，影响交易效率。二是需要双方同意或签字的，主要是巨额借贷，但巨额借贷已经不属于日常家事代理范围，属于应当夫妻共同决定的事项。因而，对于巨额借贷，事实上已经属于共同签字的范围。三是法律不需要强制规定共同签字才能认定共同债务，① 只需要合理分配风险即可。也就是说，对于本应当由夫妻共同决定的巨额借贷，债权人仅向夫妻一方借贷，他就应当承担相应的风险责任。债权人主张另一方承担连带责任时，应当对自己有理由相信是夫妻共同合意，或者其借款用于夫妻共同生活或家庭其他需要进行举证证明。债权人有理由相信是夫妻共同合意，或者有证据证明其举债用于夫妻共同生活或家庭其他需要的，夫妻他方亦应承担偿还责任。否则。另一方不承担连带责任。

这样既可以有效地保护债权人利益，也有利于防止将虚假债务或一方的恶意举债认定为夫妻共同债务。从保护债权人利益上看，它比《婚姻法解释

① 强制规定共同签字才能认定共同债务，未免过于僵化，实践中难以执行。因为目前还存在许多“一方当家”的现象，法律不应当否认这种家事活动的效力。

(一)》第十七条更全面、更合理。《婚姻法解释（一)》第十七条只把“有理由相信其为夫妻双方共同意思表示”，作为另一方不得对抗善意第三人的条件。这里则扩大了范围，即债权人能够证明其举债“用于夫妻或家庭共同生活”的，另一方也不得对抗第三人。这对保护债权人更为有利。巨额举债，无论是用于家庭生活或家庭经营，一般是比较好证明或举证的。如果无法证明用于家庭生活或家庭经营，其举债一般属于虚假债务或一方的恶意举债，不能认定为夫妻共同债务。这也有利于保护夫妻另一方利益。

（三）夫妻债务分担和财产分割约定对债权人的效力

夫妻债务的认定与夫妻债务的偿还或分担，是一个问题的两个方面，一定要划清两者的界限。夫妻债务的认定，主要是判断债务的性质；夫妻债务的偿还，主要是对定性为夫妻共同债务的分担。在司法实践中，既要防止通过扩大夫妻共同债务性质和范围过度保护债权人的倾向，也要防止通过债务分担和转移财产损害债权人现象。因而，对于夫妻之间关于夫妻债务和财产分割约定的效力，必须加以约束。

1. 依法应当由夫妻共同承担的债务，虽经夫妻约定或在离婚诉讼中生效法律文书确认由一方承担的，债权人仍然可以向夫妻双方主张权利。夫妻共同承担债务后可以依据协议或法院生效文书向另一方追偿。

2. 依法应当由夫妻一方承担责任的，应当由夫妻用个人财产承担责任。夫妻一方在未清偿债务前，将自己应当分得财产让与他方，造成债务不能清偿的，债权人可以主张其财产分割无效，请求法院撤销，或者主张从另一方多分割的财产中清偿。

3. 夫妻一方或双方在未清偿债务前，将财产转移第三人，债权人可以主张其财产转让无效，请求法院撤销，或者主张从转移财产中清偿，但第三人取得财产属于善意者除外。

四、对最高人民法院相关司法解释的看法

由于《婚姻法解释（二)》第二十四条存在缺陷，各方面反响很大，最高人民法院几次试图修改，曾经将其列为婚姻法解释三的修改内容之一，但由于修改意见稿将夫妻债务按照一般借贷合同的思路解释，最终没有获得通过。目前，最高人民法院正在起草的《关于审理民间借贷案件适用法律若干问题的规定（征求意见稿）》（以下简称《征求意见稿》）也将夫妻债务列为修改内容。该《征求意见稿》第二十九条【夫妻一方以个人名义对外借款的处理】规定："婚姻关系存续期间，夫妻一方以个人名义向他人借款，另一方能够证明存在下列情形之一的，由借款人本人承担民事责任：（一）夫妻对婚姻关系存续期间所得的财产约定归各自所有且贷款人知道该约定的；（二）贷款人与借款人明确约定为个人债务；（三）贷款人知道或应当知道所借款项并非用于家庭共同生活；（四）借款人与贷款人恶意串通，损害另一方利益。"

我认为，上述《征求意见稿》有关涉及夫妻共同债务的规定，虽然比《婚姻法解释（二）》第二十四条规定的排除事由更多一些，但其规定还是沿袭了第二十四条的逻辑思维，即除了由两项排除情形增加到四项排除情形外，仍然坚持以婚姻关系作为推定夫妻债务的根据，并由夫妻中非举债一方承担举证责任。因而，《征求意见稿》同样会被解读为"内外有别论"，或者说它就是新版"内外有别论"。那么，第二十四条所存在的缺陷自然无法摆脱。这里仅就《征求意见稿》所增加的两项排除事由的举证责任作一些补充说明。

《征求意见稿》第二十九条第（三）（四）两项是在第二十四条的基础上增加新的排除事由。这种修改看起来比第二十四条更周延了，但由于其推定前提错误，举证责任分配错误，违法债务或虚假债务仍然无法排除。比如《征求意见稿》要求由非举债一方配偶证明"贷款人知道或应当知道所借款项并非用于家庭共同生活"或者"借款人与贷款人恶意串通，损害另一方利益"。这一规定缺乏科学性，违反了基本生活经验。试想，非举债配偶一方虽然可以否认或抗辩"没有用于家庭共同生活"，但他怎么举证证明"没有用于家庭共同生活"这种不存在的事实？至于非举债配偶一方举证证明"借款人与贷款人恶意串通"，更是天方夜谭。除非"借款人与贷款人恶意串通"时，非举债配偶一方举在场或者安装有监听设备，否则非举债配偶怎么知道，又怎么举证证明？这种规定既违反了谁主张谁举证的基本举证规则，也违反了最基本的生活常理。因而，这种修改模式应当重新调整，即必须坚持以"家事代理"作为夫妻债务的平衡木，以"用于夫妻共同生活"和"债权人善意"作为两个砝码。只有这样，才能实现夫妻利益和债权人利益平等保护的立法目的。

知识产权审判中司法裁量权的具体运用

钱海玲　董声洋*

知识产权是权利人依法对其创造性智力活动成果和经营管理活动中的标识等享有的专有权利，具有专有性、地域性和时间性。实证经验表明，知识产权制度通过授予智力劳动创造者垄断权，保护智力劳动创造者的利益，鼓励创造，社会公众也能从该制度中获益，从而推动社会经济的发展。司法裁量权，通俗理解就是指在疑难案件中，当法律存在空白或者发生冲突时，根据案件的具体事实和公平正义的要求，独立判断、选择作出合理决定的权利。以色列希伯莱大学法学院教授、最高法院法官A·巴拉克指出："自由裁量权是在两个或更多的可选择项之间作出选择的权力，其中每一个可选择项皆是合法的。"①

现实社会是纷繁复杂、丰富多彩的，法律的适用往往受到各种主客观因素的制约。随着经济的发展和社会的进步，知识产权审判领域遇到的一些问题不仅仅是非黑即白、非此即彼的选择问题。一些知识产权案件，有时候有很强的政治敏感性和社会关注度，特别是具有涉外因素时，很容易成为对外贸易或者社会关注的重点和热点问题。对于一些特殊的问题，法律上可能没有明确的规定，而法院不能拒绝裁判。如果完全严格按照对某一法条的文义解释作出裁判，可能会脱离实际情况，或者出现严重的不公平后果，从而造成较为广泛的

* 作者单位：天津市高级人民法院。

① 转引自沈岿：《超越成文法律规则的有限选择——浅议行政诉讼中的司法自由裁量权》，载《行政法学研究》1995年第3期。

恶劣影响，这样不足以更好地或者完整地实现法律价值和公平正义，不能确保特殊情况下裁判结果的妥当。这时候，法官就要发挥自己的聪明才智，合理行使裁判权，除了讲法律，也要讲政策、考虑社会实际情况。一方面忠于法律的规定和精神，维护法律适用的稳定性和一致性，实现知识产权法的公平正义价值；另一方面要把握政策的需求，保持理性清醒和审慎的的立场，考虑案件的实际情况和特殊情况，具体问题具体分析，善于从宏观和大局的高度考虑特殊情况下具体案件的处理结果。

司法实践中，对于没有明确答案或者需要深入探讨才能找到答案的疑难案件，要么是对法律适用存在很大争议，要么是法律本身存在适用缺陷。“最后，还剩下一定比例的案件，这些案件对未来很有价值，这些案件就是司法过程中创造性因素发现自己的机会和力量的案件”①。知识产权案件审理时遇到这类情况时，法官行使司法裁量权时应重点考虑三方面因素：法的价值取向、国家相关政策、社会经济发展水平。

一、知识产权法价值取向对司法裁量权的影响

博登海默曾言：“当法官在未规定案件中创制新的规范或废弃过时的规则以采纳某种适时规则的时候，价值判断在司法过程中会发挥最大限度的作用。”② 当遇到法律没有明文规定的疑难案件时，首先探究立法的价值取向。对于法律适用存在的模糊性，有时候难以取舍，需要在不同的选项之间作出选择，我们需要探究立法本意和法律内在的价值，深入研究后，从一个方面看到另一个方面，从问题的表层看到问题的实质。

下面仅以专利文献是否受到著作权保护这一争议问题为例进行分析。由于法律对此没有明确的规定，法官遇到这类案件时，需深究专利法和著作权法的立法本意和价值追求，方能作出合理的判断，因为法律规范都是价值判断的结果，法官裁判最终受司法哲学的影响，司法哲学在帮助法官寻找正确答案时往往包括价值判断、自由裁量和利益平衡，而且这些要素往往具有基础性和决定性的影响。

---

① ［美］本杰明·卡多佐：《司法过程的性质》，苏力译，商务印书馆2005年版，第103页。

② ［美］博登海默：《法理学——法律哲学与法律方法》，邓正来译，中国政法大学1999年版，第503页。

(一) 专利法价值取向与专利文献的保护

单纯看专利说明书等专利文献，似乎符合著作权法中的“文字作品”的要求，如果一位法官根据著作权法对作品的定义来裁判，可能会认定专利文献构成作品，应该受到著作权法的保护。但是，我们在探究专利法和著作权法的价值取向后，则会得出不同的结论。专利法的价值取向是鼓励发明创造和技术创新，专利法通过赋予权利人在一定期限内独占相关发明创造，使权利人可以通过实施或者许可他人实施相关发明创造获得经济回报，从而鼓励和激发创新。如果对权利人过度保护，自然会阻碍相关发明创造的应用，损害社会公众利益，对一个国家的整体创新能力也会有所制约，故专利法也注重权利人和社会公众利益的平衡。专利说明书等专利文献附着在相关专利之上，为获得专利授权服务。其中具有的独创性表达是为说明相关专利技术，指导使用者理解实施专利技术，离开对应的专利技术、专利文献并无独立的价值，专利文献的价值已经通过专利法给予专利保护而实现其价值，权利人通过对相关专利技术享有专利权获得了相应的经济回报，实现了鼓励发明创造、激励创新的目的。如果单独对专利文献给予著作权保护，变相地延长了相应专利的保护期限，著作权保护的期限比专利保护期限长很多，相当于著作权法延长了某些专利的保护期限，打破了权利人和社会公众之间微妙的利益平衡，形成太长时间的垄断，甚至导致专利法立法目的落空，不利于鼓励创新和增加社会福祉，不符合专利法的价值追求。

(二) 著作权法的价值取向与专利文献的保护

我国著作权法第一条明确表明了其立法目的：“为保护文学、艺术和科学作品作者的著作权，以及与著作权有关的权益，鼓励有益于社会主义精神文明、物质文明建设的作品的创作和传播，促进社会主义文化和科学事业的发展与繁荣，根据宪法制定本法。”著作权法的内在价值是通过赋予著作权人一定时间内的垄断利益，激励作者创作作品，提高整个社会的创作能力和创作热情；同时通过对著作权的合理限制，保证公众合理接触作品，从而促进社会科学和文化艺术的传播，维护社会公众的利益。著作权法同样重视利益的平衡，平衡的最终结果是大多数人对于自己的利益产生一种发自内心的满意，同时，社会整体的利益也趋于增加。概括起来，最大利益就是个体与整体都获得利益增加。著作权法价值取向的核心精神是利益的平衡，其基本要求是适度保护，追求著作权人的利益与公共利益间的平衡，确保公众对作品的适当接近。仍以专利文献的著作权保护这一争议问题为例，如果给予专利文献著作权保护，会严重妨碍其他人创作类似文献，使得该专利文献长期控制在一个权利人手里，变相地延长了该专利的保护期，虽然给权利人带来丰厚的利益，却阻碍了其他人就相关专利进一步创新的途径，损害社会公众的利益，这恰恰与著作权法的价值追求相悖。

二、国家相关政策对司法裁量权的影响

"在最为基础的层面上，法官可以被定义为在审理案件时，追求两种不同目标的人。其一，寻求案件的最佳结果，努力得到一个相关法律争议正确的答案；其二，由于法官本身也在创造社会公共政策，所以他们可能希望判决能够反映自己所偏好的政策"①。司法政策是特定时期国家的宏观政策、社会经济文化在私法领域的体现，是政治、经济、社会与法律交织在一起的产物。"政策概念引入美国法律思想是在英国法继受期间，作为法官在决定采用何种规则时能够并应当使用的两个因素之一，尤其是在一条英国法规则可能适合或者可能不适合的情况下，习惯上对法律问题有一个自由进路与技术进路，自由进路的特征在于对自由意志的考量，诸如解释过程中的正统因素入规则和目的、当事人意图与公平解决"②。

知识产权法尤其与国家经济、外交政策息息相关，知识产权司法政策包括几个因素：一方面要考虑知识产权客体本身的特点和特殊属性；另一方面要考虑国家的基本国情和发展实际。例如，目前我国正处于经济转型时期，大力推进科技创新，就需要对科技创新给予更多关注和鼓励。在司法实践中就需要强化对专利权的保护，激励创新。同时，由于我国目前创新水平不高，还处于追赶阶段，所以对专利权的保护范围不能过大，要给创新和模仿留有一定空间。因此司法实践中也需要适当限制专利"等同侵权"原则的适用。

---

① ［美］杰弗瑞·A. 西格尔等：《美国司法体系中的最高法院》，刘哲伟等译，法律出版社2011年版，第17页。

② ［美］邓肯·肯尼迪：《判决的批判——写在世界之末》，王家国译，法律出版社2012年版，第77页。

下面以商标平行进口问题为例，对国家政策影响司法裁量进行具体分析。对于是否准许商标平行进口，我国商标法没有明确规定。商标平行进口指在国际贸易中进口商未经权利人许可，进口销售与“国内商标权利人”相同商标产品的行为。如果单纯从商标法角度考虑，结合商标的地域性特征，很可能会认定平行进口构成商标侵权。但平行进口既与国家的知识产权保护策略有关，又与国家的贸易政策和经济利益有关，不能简单从商标法的相关规则推断是否构成侵权。平行进口产生的原因是相同品牌的商品在不同国家有不同的定价，由于存在差价的空间，吸引一些人从低价国购买商品后到高价国出售。关于商标平行进口的理论研究，主要有国内权利用尽原则和国际权利用尽原则。国内权利用尽原则指标有商标的商品一经投放市场，商标权人的权利就用尽了，任何人再次销售该商品不侵犯商标权，但指首次销售发生在国内的情形。国际权利用尽原则指首次销售行为不管发生在国内还是国外，商标权一经销售即用尽，他人购买后再次销售不构成侵权。如果采用国内权利用尽原则，平行进口构成侵权；如采取国际权利用尽原则，则平行进口不构成侵权。

从我国当前的经济政策考量，应在特定条件下认定商标平行进口不构成侵权。目前，在国际上有影响力的品牌大多是欧美或者日韩等发达国家品牌。允许平行进口，可以使进口商同国内经商标权人许可的销售商展开竞争，迫使国内经销商制定合理的价格，避免国际品牌人为划分价格区域，形成垄断，造成相同品牌在国内比国外贵很多的现象出现，符合市场经济规律。我国目前涉及平行进口的商品集中在高档服装、化妆品、箱包、烟酒、软件等，大都是中高档商品，现实情况是这些商品要么在国内销售价格昂贵，要么假冒、仿冒盛行。我国是发展中国家，国民收入普遍不高，允许商标平行进口，消费者可以买到物美价廉的商品，打破某些国际品牌的价格垄断，有利于维护我国消费者的合法利益。同时，商标是标识性知识产权，保护商标是为了维护公平的竞争秩序和安全的交易环境，平行进口并没有破坏商标的标识性，不会误导消费者，也没有损害商标权人的利益。另一方面，我国有丰富的劳动力资源，是定牌加工、来料加工的主要地区。允许商标平行进口，可以充分发挥我国劳动力资源，生产相同的商品在国际市场上具有明显的价格优势，有利于增加出口。当然，允许商标的平行进口，会增加一些高档商品进口数量，但从全局角度看，允许商标平行进口对我国整体有利。目前我国没有出现大规模商标平行进口案例，是因为我国实行严格的进口配额制度，另一方面我国进口关税较高，导致平行进口的利润空间不大。随着改革开放的深入，未来商标平行进口的案例会逐渐增多。在这个问题上，值得注意平衡的是，允许商标平行进口是否会对国内品牌的培育和发展产生冲击和影响。

三、社会经济发展水平对司法裁量权的影响

知识产权制度是一把双刃剑，适度保护可以鼓励创新，促进科技和文化的发展，实现资源有效利用和合理配置，促进社会整体进步。但是如果不顾实际情况，超越发展水平，给予过高或者过低的知识产权保护，都会妨碍经济社会的良性发展。

我国是一个发展中国家，人均国民生产总值还较低，虽然科技和文化得到一定的发展，但是与发达国家相比还有不小的差距，经济发展方式主较为粗放，资源浪费大，环境污染严重，只有走自主创新的道路，才能促进经济社会的全面提高。在一些领域，需加强知识产权保护，从而激励创新和创作。知识产权案件中，能否获得公正合理的经济赔偿，不仅影响着权利人维权的积极性，对侵权行为的制裁，而且关系到法律功能的实现。社会经济发展水平对司法裁量权最直接的影响主要体现在知识产权侵权赔偿范围和赔偿数额的确定上。在知识产权侵权案件中，赔偿的主要原则是填平原则，即全部赔偿原则，赔偿范围应与损失大小相当。该原则强调的是利益的平衡，对受到损失的法益给予弥补，使权利人的利益恢复到损害发生之前的状态。我国目前确定知识产权侵权案件的赔偿数额是按照以下思路进行的：（1）权利人的实际损失，即按照侵权行为给权利人造成的的实际损失计算。以著作权为例，可以根据因侵权行为造成销售量的减少；（2）侵权人获得的全部利润，例如侵权人因销售盗版图书而获得的利润；（3）法定赔偿。但是司法实践中，前两种方法很少被采用，大多数的知识产权侵权案件，最后的赔偿数额是根据法定赔偿确定的，笔者所在地区知识产权侵权赔偿案件中近90% 的案件都是采用法定赔偿方法计算赔偿额的。

在较长一段时间里，司法实践中法定赔偿确定的赔偿数额通常较低，法官做出裁量的因素之一就是社会经济发展水平不高。但是从目前看，法定赔偿数额较低各有利弊。为与当前的社会经济发展形势和发展水平相适应，司法实践中应当重新审视赔偿数额问题。在短时间内，法定赔偿数额不高，对知识产权弱保护，可能对本国企业有益，在一国范围内貌似合理。但是从国际竞争、全球经济一体化的大背景看，这种做法不能有效激励创新，在与其他国家竞争的过程中会处于下风。我国正处于经济结构转型和产业升级关键期，国际上知识产权的约束范围和力度正逐渐加大，模仿产品获利的空间逐渐减弱，如果我们只靠廉价的劳动力苦苦支撑，不依靠创新提升竞争力，迟早会被淘汰。我国的矿产资源有限，耕地面积不断减少，这样我国不能只依靠出口，外部依赖性已经不能满足我国长远发展的需要，拉动内需才是目前我国提升经济和科技发展的根本出路，激活国内市场的过程中必然会出现涉及知识产权侵权问题，这就要求我们必然要加大对知识产权的保护力度。当今世界的竞争，已体现在高科技的发展方面，只有更大限度保护权利人的合法利益，才能最大限度激发创造性。近年来，我国各地法院逐渐增加了权利人在知识产权侵权案件中获得的赔偿数额，原因很简单，较高的损害赔偿是阻止知识产权侵权行为的有效武器，能激励创新。法官在综合考虑以下几个因素后，合理增加判决赔偿的数额：（1）受害人所受到的损害后果。这种损害后果不能仅仅考虑侵权人因为侵权行为获得的利润，侵权行为可能没有产生利润，但是却对权利人造成一定的损害后果，比如因为侵权行为，侵权人可能节省了很多原本需要投入的研发成本，广告宣传成本等。由于侵权行为的存在，可能导致权利人的竞争地位下降，造成权利人的直接竞争对手获得利益。（2）主观过错。侵权人的主观过错可能是故意，也可能是过失。虽然知识产权案件中，直接侵权大多适用无过错责任原则，间接侵权适用过错责任原则。但是在确定法定赔偿额时，一定要考虑侵权人的主观恶意程度，如果侵权人是恶意侵权，确定赔偿数额时要比过失侵权的赔偿数额高。国外很多国家也有类似规定，在德国和日本，知识产权案件中无过错责任原则主要适用于停止侵权、排除妨害等民事责任，在确定赔偿数额时，要考虑主观过错程度。（3）受侵害的知识产权客体本身的价值大小，侵权行为对权利客体的价值的贬损情况。比如驰名商标受到侵害，其后果往往比一般商标受到侵害的影响大，恢复到原状需要权利人更多的努力，这种情况下，对权利人的知识产权客体的价值的贬损往往是巨大的。（4）侵权行为的社会影响。因为知识产权法的基本原则就是如何平衡权利人与社会大众之间的利益，如果侵权行为造成恶劣的社会影响，必然严重损害权利人的利益，这种情况要增加法定赔偿的数额。（5）维权的合理费用，包括但不限于律师费、公证费、交通食宿费、审计费等等，在著作权中还可能涉及到精神损害赔偿金。“法官在法律没有明文规定或者规定不明时，根据法律原则和法律精神，依据诚实信用原则，主观过错、案件的情节、被侵权客体的创造性程度，结合社会经济政治情况，权衡权利人和侵权人、社会公众利益，达到促进创新和传播知识的作用。”①

知识产权案件中司法裁判权的行使，除了严格遵从法律规则、原则和精神之外，与国家的政策取向、经济背景和社会基础息息相关，法官必须对社会的需求做出有力的回应。在司法裁判中遇到疑难复杂的新问题时，需更准确把握知识产权法的价值取向、国家相关政策及社会发展阶段的实际情况，权衡各种利益后做出正确裁断。这也为法官创造性地发挥司法作用提供了机会和动力，并将对未来产生深远影响。

① 刘媛珍：《知识产权司法保护中的利益平衡》，载《人民司法》2006年第2期。

[新类型疑难案例选评]

黄某城诉浙江某医药有限公司劳动争议纠纷案

黄野松[*] 赵敏冲[**]

[案情]

2012年4月20日，被告浙江某医药有限公司以会议形式决定进行经济性裁员并安排相关事宜，于2012年5月4日向公司工会说明情况，听取工会意见后于2012年6月11日形成正式的裁员方案，并向丽水市莲都区人力资源和社会保障局、丽水市莲都区经济商务局进行报告。2012年6月14日，被告浙江某医药有限公司以公司生产经营发生困难为由，向原告黄某城发出解除劳动合同通知书，单方解除与原告之间的劳动关系。

[争议]

本案的处理意见有两种：

一种意见认为，被告浙江某医药有限公司没有经过任何合法的程序就以公司生产经营困难为由单方解除与原告之间的劳动关系，应向原告支付赔偿金1097316元。

另一种意见认为，被告浙江某医药有限公司通过合法程序进行经济性裁

* 浙江省丽水市莲都区法院民一庭审判员。

** 浙江省丽水市莲都区法院民一庭助理审判员。

员，包括根据企业经营的亏损情况，结合审计报告，召开会议，通知工会，裁员方案形成之后及时报人力社保部门及主管部门，并向职员宣布。被告与原告解除劳动关系属于合法的经济性裁员，无需向原告支付赔偿金。

［评析］

经济性裁员的认定规则、审查方法及注意事项

该案系劳动合同法实施以来，丽水市莲都区法院审理的第一例经济性裁员案件，该案的处理对于平衡劳资关系、规范市场行为具有一定示范作用，故对相关认定规则和审查方法及注意事项分析如下，以供参考。

一、经济性裁员与经济补偿金的关系

本案的争议焦点是被告是否构成经济性裁员，这决定了其是否需要向原告支付解除劳动合同的经济补偿金。劳动法上经济补偿金体现出补偿雇员由于遭受雇主解雇而丧失的工作上的财产利益①的特征。对于劳动者而言，经济补偿金是对丢失工作的损害补偿，这能从经济补偿金的计算与劳动者本来的收入水平和工作时间相联系得到印证；对于社会而言，经济补偿金具备一定的社会保障功能，国际劳工组织公约规定经济补偿和失业保险等社会保险或社会保障项目可以互相替代就是例证。②对于用人单位而言，支付经济补偿金是企业承担社会责任的方式之一。鉴于经济补偿金的重要作用，法律却在特定情形下免除了经济补偿金的支付义务。原因在于，当企业面临经营困难需要减产甚至停产时，劳工成本将成为不必要的负担，并可能最终导致企业无法维续。出于利益衡平的考量，法律规定了一定的例外情形，这就是经济性裁员。法理上可以将经济性裁员视之为违法阻却事由，即一般情况下，劳动合同期内用人单位解除劳动合同，因该行为违法而需要支付经济补偿金，但如果具有经济性裁员这一违法阻却事由，此时该行为因丧失违法性而构成合法的解除劳动合同行为，无需支付经济补偿金。

①② 谢增毅：《劳动法上经济补偿的适用范围及其性质》，载《中国法学》2011年第4期。

二、经济性裁员的认定规则：构成要件认定法

经济性裁员的构成要件可分为实体性要件和程序性要件。实体性要件即劳动合同法第四十一条第一款规定的裁减人员二十人以上或者裁减人员不足二十人但占企业职工总人数百分之十以上且满足以下条件之一：（1）依照企业破产法规定进行重整的；（2）生产经营发生严重困难的；（3）企业转产、重大技术革新或者经营方式调整，经变更劳动合同后，仍需裁减人员的；（4）其他因劳动合同订立时所依据的客观经济情况发生重大变化，致使劳动合同无法履行的。程序性要件则是用人单位提前三十日向工会或者全体职工说明情况，听取工会或者职工的意见后，裁减人员方案经向劳动行政部门报告。

本案中，被告系以生产经营严重困难为由，要求经济性裁员，为此其列举了2009年到2011年的企业财务报表、审计报告、资产负债表、利润及利润分配表。鉴于被告连续三年出现亏损，可以认定已经面临严重经营困难，即已符合经济性裁员的实体要件。被告又列举了关于裁减事宜的会议记录、企业裁减人员报告表、拟裁减人员名单、关于经济裁减人员的方案（草案）、工会意见函、莲都区劳动监察大队的证明等证据。上述材料能够互相印证，构成完整的证据链，可以证明被告已经充分履行了法定的通知、听取意见、报告等程序，也即已符合经济性裁员的程序性要件。

三、经济性裁员的审查方法：程序与实质审查并行

对于程序性要件的审查，只需要依据法律规定审查企业是否履行了法定程序，对于法条所规定的“向工会或者全体职工说明情况”、“听取工会或者职工的意见”“裁减人员方案经向劳动行政部门报告”等内容，仅需审查企业是否依法实施了上述行为，而对于相应的结果和反应，在所不问。上述行为的后果无需审查的理由是，法律规定用人单位“向工会或者全体职工说明情况”“听取工会或者职工的意见”等旨在保障劳动者和工会组织的知情权，而非赋予其否决的权利，而“裁员人员方案经向劳动行政部门报告”则是为了便于行政监管，至于行政机关采取何种行为（同意抑或不同意）均系行政管理职能，并非民事法律关系，不影响经济性裁员的适用。

实体性要件构成了经济性裁员的合法性基础，故需进行实质审查。具体而言，在证据认定上，裁减对象的人数限制是硬性指标，对证明该事实的证据认定应从严把握。其他四项条件因为涉及企业的经营状况和技术性事项，常因缺乏证据支持而需适用举证责任。在举证责任分配上，应按照“谁主张，谁举证”的规则，由主张适用经济性裁员的用人单位承担举证责任，且由于用人单位的经营状况和技术性事项均系其内部情况，反映上述情况的证据多掌握在用人单位手中，由用人单位举证也符合客观实际。结合本案实践来看，这类证据材料主要体现为近期的财务报表、审计报告、资产负债表、利润及利润分配表等。如果用人单位拒不提供上述材料的，则可以判定其因举证不能而承担不利法律后果。

四、经济性裁员的其他注意事项：裁完不等于结束

虽然本案经济性裁员符合法律规定，得到了法院支持，并因当事双方服判事了，但在适用经济性裁员的过程中仍需做好以下事项：

（一）督促企业切实履行裁员前后的法定义务

经济性裁员前，应依劳动合同法第四十一条第二款的规定，优先留用与本单位订立较长期限固定期限劳动合同；无固定期限劳动合同；家庭无其他就业人员，有需要抚养的老人或者未成年人的员工。经济性裁员后，在六个月内重新招用人员的，应当通知被裁减人员，并在同等条件下优先招用被裁员的人员。同时，适用经济性裁员亦不得违反劳动合同法第四十二条对特殊情况下劳动者的保护性规定。①

（二）促进工会在劳资协商中发挥积极作用

本案中，虽然用人单位履行了向工会说明情况的义务，但工会在整个过程中参与度较低，发挥作用有限。应促进工会广泛参与劳资谈判，帮助企业确立、修改裁减方案等。在裁员前期准备、裁员名单的确定和裁员后劳动者权益保障等问题上，工会理应发挥桥梁纽带作用，这不仅关涉劳动者权益保护，也是企业顺利裁员的需要，更是维持社会稳定的要求。

---

① 该条规定下列人员不得被经济性裁员：从事接触职业病危害作业的劳动者未进行离岗前职业健康检查，或者疑似职业病病人的诊断或者医学观察期间的；患病或非因工负伤，在规定的医疗期内的；女职工孕期、产期、哺乳期的；在本单位连续工作满十五年，且距法定退休年龄不足五年的等情形的劳动者。

（三）完善司法援助和法律咨询服务

经济性裁员涉及较强的法律专业性知识，不仅劳动者难以理解，甚至一些企业尤其是小微企业也不明就里，往往因违反法定程序而导致不利后果，建议在经济性裁员领域广泛推广司法援助和法律咨询服务，努力促成劳资和解，为劳工和企业找到共赢之路。

[医疗损害赔偿纠纷实务问题研究]

浅谈人民法院对医疗损害鉴定意见的审查

——安甲等与某医院医疗损害赔偿纠纷案评析

陈　特[*]　张异般[**]

原告：安甲

原告：王某

原告：李某

原告：安乙

被告：某医院

一、案情简介

2007年10月7日5时许，案外人苏某在北京市通州区梨园镇怡乐北街西口红绿灯处与安某发生纠纷、互殴，致安某受伤，后安某于同日6时4分到被告急诊科就诊，诊断为背部开放性外伤、手开放性外伤，被收入院；同日，被告对安某行手指清创肌腱吻合术、背部清创探查缝合术。次日凌晨，安某家属发现其呼吸停止，医生立即对其进行抢救，抢救持续42分钟后安某死亡。北京市公安局通州分局为其出具死因鉴定结论通知书：（1）安某系因患心肌炎而导致急性心力衰竭而死亡；（2）其背部组织刀砍伤有感染；（3）不能排除

* 作者单位：北京市高级人民法院。

** 作者单位：北京市朝阳区人民法院。

安某背部软组织刀砍伤感染后继发心肌炎的可能。随后安某之父母、妻儿[①]认为被告的诊疗行为对安某之非正常死亡负有责任，故向北京市通州区人民法院提起诉讼，要求被告赔偿其包括医疗费、护理费、被抚养人生活费、精神损害抚慰金在内的各项损失共计100万余元。

被告辩称，被告对安某行手部清创缝合术及腰背部软组织外伤清创缝合术顺利，术后被告处医生、护士对安某进行的治疗护理符合诊疗常规均无过错。患者安某系死于心脏性猝死，无法防范，与被告无关，被告对患者安某的诊疗行为不构成医疗事故，亦不存在医疗过错，不同意原告的诉讼请求。

本案在审理过程中，原告申请对被告对安某的诊疗行为是否存在过错、若存在过错该过错与安某之死之间是否存在因果关系及过错参与度进行鉴定。故法院委托法大法庭科学技术鉴定研究所组织进行鉴定，但鉴定机构对公安机关的死因鉴定结论通知书并不认可，坚持认为安某的死亡原因难以明确，无法先进行医疗纠纷的法医学鉴定。同时，由于本案涉及苏某故意伤害刑事案件，北京市通州区人民检察院为查清案情再次委托该鉴定机构对安某是否排除伤口感染继发心肌炎致死以及安某刀砍伤的损伤程度进行鉴定。此次鉴定的结论为：（1）被鉴定人安某因感染性心肌炎死亡依据不足；（2）被鉴定人安某的损伤程度为轻伤。[②] 据此，北京市通州区人民法院继续委托医疗过错司法鉴定，鉴定机构出具第二份《鉴定意见书》[③]，认为本案具有以下特点：（1）根据病历及尸检资料，安某损伤程度较轻，属非致命伤，是否伴有其他损伤，目前材料不支持存在；（2）鉴于安某损伤程度轻、临床进程快、年龄轻等特点，客观上与其损伤转归的一般规律不相符合；（3）目前尸检死因难以确定。分析意见认为，安某术前、术中生命体征平稳，术中无大失血，术后回病房时无异常迹象，在回病房后至死亡发现时的13个小时内没有病情记录，死亡具体发生时间不详，家属发现时患者已呼吸心跳停止，结合听证时原告陈述意见“患者术后回病房后，病情出现变化，家属三次要求医生对患者诊查”，病历中未

---

① 原告安甲系安某之父，王某系安某之母，李某系安某之妻，安乙系安某之子。

② 此次鉴定的文号为，法大【2009】医鉴字第0001号法医学鉴定意见书。参考该鉴定意见书，北京市通州区人民法院以故意伤害罪判处被告人苏某有期徒刑2年。详见：北京市通州区人民法院（2009）通刑初字第104号刑事附带民事判决书。

③ 第二次鉴定的鉴定文书的文号为，法大【2010】医鉴字第620号法医学鉴定意见书。

见到相应内容记载，提示临床医生对患者病情变化观察不周，有丧失及时观察诊治时机及给予有效救治的可能，无法明确确定与死亡发生的因果关系及关联程度。故作出鉴定结论如下：被鉴定人安某背部及手指刀砍伤术后发生猝死，死亡原因不清，推断诊疗过程中在及时诊查救治方面存在诊疗缺陷，与被鉴定人安某的死亡存在某种程度的因果关联，鉴于本案鉴定资料的局限，无法进行详细分析及判断。

庭审质证中，原告对该鉴定结论无异议，并认为由于被告病历资料不完整导致鉴定结果不明确，被告对此应负主要责任；被告认可该鉴定结论的真实性，但认为该医疗过错鉴定结论未明确确定被告的诊疗行为与患者死亡之间存在因果关系，并向北京市通州区人民法院提出鉴定人出庭接受质询的申请。鉴定人在接受质询的过程中称：首先，由于本案鉴定所依据的材料不完整，无法据以得出确定的鉴定结论，故鉴定人为本案出具鉴定意见书，而非鉴定书。其次，导致本案无法得出确定性鉴定结论的原因有三：（1）公安机关对安某的尸体检验记录过于简单，留取的尸体标本材料不全面；（2）安某受刀砍伤前后的案情不明确，即不清楚其当时的身体健康状况及既往病史、是否饮酒、活动情况及在斗殴过程中是否有其他外伤；（3）安某在被告处治疗时间短，病程记录简单，安某死亡前的病情变化一定有相应的迹象提示，且该迹象随时可能发生，被告未对安某死亡前的情况进行详细的病程记录。但对于像安某这种二级护理患者，亦不能苛求医院对其进行时时监护。再次，鉴定听证过程中，原告反映在安某死亡前，家属曾三次要求医生检查患者，但医生未予处理，对此原告未提供证据予以佐证，被告未予正面答复。最后，鉴定人总结陈述称，本案使用鉴定意见书而非鉴定书的首要意图系本案无法得出肯定性的鉴定结论，即不能确定被告在对安某的诊疗过程中是否存在过错，当然也无法得出具体的过错参与度；同时，在既有的鉴定结论中使用“缺陷”而非“过错”一词，系因“缺陷”在存在过错的肯定性及程度上均较“过错”轻，本案鉴定结论中的“缺陷”意指在不能肯定被告存在诊疗过错的前提下，即使认定被告存在诊疗过错，该过错的程度亦为轻微。

二、审理结果

一审法院审理认为，首先，本案司法鉴定未能得出确定性鉴定结论，根据鉴定人的意见，鉴定意见书中认定“推断诊疗中存在诊疗缺陷”，“缺陷”系指诊疗行为存在情节轻微的不当之处，“推断”系指上述缺陷实际存在与否无法确定，故判断被告的诊疗行为与患者的死亡后果之间必然存在因果关系不够客观、准确；其次，鉴定人认为，除被告对安某的病程记录不详细之外，本案尚存其他非归因于被告的因素导致无法得出确定性鉴定结论；再次，据鉴定人陈述，本案司法鉴定结论的考虑因素之一包括听证时四原告关于家属曾三次要求医生对安某进行诊查的陈述意见，但四原告未对此提供任何确实、有效的证据予以佐证；第四，鉴定人陈述称，患者安某入院时系轻伤，属于二级护理，二级护理规范并不要求医院对患者进行时时监护；最后，苏某故意伤害刑事案件虽认定苏某对安某的伤害系轻伤害，但基于刑事案件无罪推定和民事案件损失填补的立法精神的差异，不能必然得出非此即彼（即安某的死亡后果非由苏某造成就必然由被告所导致）的结论，事实上，苏某的伤人行为是引起该损害后果的起因，且司法鉴定结论未能得出安某的死亡后果确系医院在诊疗过程中存在过错所致的肯定性结论，即无法排除包括安某个人身体原因在内的其他原因在安某死亡后果中的参与度。综合上述的分析认定，对于四原告要求被告赔偿其医疗费、护理费、交通费、住院伙食补助费、被扶养人生活费、丧葬费、死亡赔偿金的诉讼请求，被告应承担与其“诊疗缺陷”相适应的赔偿责任，具体的责任比例由北京市通州区人民法院酌定为20%，据此判决被告赔偿原告各项损失共计十五万余元，驳回了原告的其他诉讼请求。①

一审判决作出后，双方均未提出上诉，并已执行完毕。

三、评析意见

这是一起十分典型的医疗损害赔偿纠纷案件，患者安某因外伤入院时间短，可供鉴定的病历资料比较少，鉴定意见推理的成分多，确定性的结论少。当事人对此各执一词，那么，人民法院面对这样的鉴定意见，② 该如何审查，该如何做出一个公正合理的判决呢。这就涉及医疗纠纷民事案件的一个重要问题：人民法院该如何审查医疗损害鉴定意见。

---

① 具体案情，请参见北京市通州区人民法院（2008）通民初字第02954号民事判决书。

② 本案审理时的2007年民事诉讼法中，鉴定机关出具的文书名称为鉴定结论。2012年民事诉讼法将“鉴定结论”修改为“鉴定意见”，因此，为表述统一，本文统一称“鉴定意见”。

（一）人民法院对医疗损害鉴定意见的审查

众所周知，鉴定意见是民事诉讼证据的一种。凡是证据，必须经人民法院查证属实，才能作为认定事实的根据。所有的证据，都应当在法庭上出示，并由当事人互相质证。人民法院应当按照法定程序，全面地、客观地审查核实证据。那么，人民法院该如何审查鉴定意见呢？对此，现行的民事诉讼法并没有做出详细规定，我们仍然需要适用《最高人民法院关于民事诉讼证据的若干规定》（以下简称《证据规定》）的相关规定。

《证据规定》第二十九条规定，审判人员对鉴定人出具的鉴定书，应当审查是否具有下列内容：（1）委托人姓名或者名称、委托鉴定的内容；（2）委托鉴定的材料；（3）鉴定的依据及使用的科学技术手段；（4）对鉴定过程的说明；（5）明确的鉴定结论；（6）对鉴定人鉴定资格的说明；（7）鉴定人员及鉴定机构签名盖章。

应该说，《证据规定》第二十九条的内容主要是着眼于审查鉴定意见的合法性，而且该条的内容总体而言比较宏观，对于具体细节并未详细规定。例如，该规定的第五项是应当审查鉴定意见是否具有“明确的鉴定结论”。具体到本案中，鉴定机构出具的法大〔2010〕医鉴字第620号法医学鉴定意见书虽然要件齐备，但其最终结论并不十分明确。那么，法官应该如何进一步解读这份鉴定意见呢。此时，法官对鉴定人的具体询问变得十分重要。

（二）关于鉴定人出庭作证

1991年民事诉讼法规定了鉴定制度，但是并没有关于鉴定人出庭作证的规定。《证据规定》第五十九条规定：“鉴定人应当出庭接受当事人质询。鉴定人确因特殊原因无法出庭的，经人民法院准许，可以书面答复当事人的质询。”第六十条第一款规定：“经法庭许可，当事人可以向证人、鉴定人、勘验人发问。”比起1991年民事诉讼法，这是一个进步，但遗憾的是，《证据规定》第五十九条仅规定了鉴定人出庭接受质询而不是作证的义务，同时考虑到对鉴定人人身财产权益的保护，对鉴定人不出庭作证开了一个口子，规定了鉴定人因特殊原因无法出庭作证的，经人民法院准许，可以书面答复质询。

在以往的医疗纠纷民事审判实践中，由于鉴定人出庭作证不仅会增加鉴定机关的成本，还会使鉴定人面临被打击报复的危险，其不出庭作证并不会导致其鉴定意见最终不被采信，人民法院也不能强制鉴定人出庭作证，使得上述有关鉴定人出庭接受质询的规定，在实践中没有得到很好的落实，鉴定人不出庭的情形依然较普遍存在，而更多的情形是鉴定人书面接受质询。这一现象在医学会所组织的医疗损害鉴定中更为突出。

2012年民事诉讼法第七十八条规定，当事人对鉴定意见有异议或者人民法院认为鉴定人有必要出庭的，鉴定人应当出庭作证。经人民法院通知，鉴定人拒不出庭作证的，鉴定意见不得作为认定事实的根据；支付鉴定费用的当事人可以要求返还鉴定费用。本条规定对于鉴定人出庭作证制度作了进一步完善，并明确规定了鉴定人出庭作证义务，以及拒不出庭作证的民事法律后果。为鉴定人出庭作证及对鉴定意见的采信提供了明确的法律依据。这对于完善民事诉讼中的鉴定程序乃至案件事实认定的程序，增强鉴定意见的权威性和公信力，促进案件依法妥善审理，具有积极意义。

本案的审理虽然在2012年民事诉讼法修改之前，但是法院依据当事人的申请，通知鉴定人出庭接受质询。① 正是本次出庭，通过法官对鉴定人的询问，法官得以知晓“鉴定书”和“鉴定意见书”的区别，以及“缺陷”与“过错”的区别，以及“某种程度的因果联系”意味着何种责任程度。② 基于此，法官最终认定某医院应承担与其“诊疗缺陷”相适应的赔偿责任，具体的责任比例酌定为20%。从一审审结后双方均未上诉并已顺利执行完毕可以推断，双方当事人对于这一判决结果是基本满意的，则法院的处理结果是妥当的。

---

① 本案鉴定人能够出庭接受质询，其依据在于《北京市高级人民法院、北京市司法局关于司法鉴定人出庭作证的规定（试行）》（2008年）第三条规定，在诉讼中，人民检察院、当事人及其辩护人、法定代理人、诉讼代理人对鉴定意见有异议的，可向人民法院要求司法鉴定人出庭作证，人民法院根据案件审理的需要，决定司法鉴定人是否出庭作证。人民法院根据案件审理的需要，也可自行决定司法鉴定人出庭作证。

② 笔者认为，对于鉴定人所述“鉴定书”与“鉴定意见书”的区别，应是鉴定机构对鉴定文书的一种分类，在2012年民事诉讼法修改之后，应统称为鉴定意见书。而鉴定人对于“诊疗缺陷”与“诊疗过错”的区分，应是鉴定人对于过错的一种不够严谨的分类，规范的说，应该用“轻微过错”“重大过错”这样的表述。此外，鉴定意见中采用“推断诊疗过程中在及时诊查救治方面存在诊疗缺陷”这样的表述，鉴定人的工作似已超出了技术判断的范畴而对案件进行了法律判断。当然，这个问题涉及司法鉴定与法庭审判的边界问题，限于文章篇幅，本文不再展开。可参见王旭：《医疗过失鉴定需遵循的原则》，载医事法微信订阅号“haitanlegal“，2014年5月4日推送。

如上所述，鉴定人出庭有助于人民法院对案件事实的认定。从另一个角度说，申请鉴定人出庭，也是当事人面对一份不利于自己的鉴定意见的一个十分必要的救济手段。除此之外，当事人还可以利用民事诉讼法第七十九条规定的专家辅助人制度。

（三）关于专家辅助人制度

专家辅助人制度最初由司法解释作出规定。《证据规定》第六十一条规定，当事人可以向人民法院申请由一至二名具有专门知识的人员出庭就案件的专门性问题进行说明。人民法院准许其申请的，有关费用由提出申请的当事人负担。审判人员和当事人可以对出庭的具有专门知识的人员进行询问。经人民法院准许，可以由当事人各自申请的具有专门知识的人员就有案件中的问题进行对质。具有专门知识的人员可以对鉴定人进行询问。

《证据规定》第六十一条所规定的就专门性问题协助当事人质证的具有专门知识的人，即为专家辅助人。这种专家辅助人对于解决医疗纠纷等民事案件的审判实践中当事人和诉讼代理人在专门性问题上质证能力不足的问题，意义十分重大。

2012 年民事诉讼法将《证据规定》的上述规定予以吸收，在第七十九条增加了“当事人可以申请人民法院通知有专门知识的人出庭，就鉴定人作出的鉴定意见或者专业问题提出意见”的规定，使专家辅助人制度得以在立法上确立。

那么，在医疗纠纷民事诉讼中，“有专门知识的人”就可以发挥他的功能，即协助当事人就有关专门性问题提出意见或者对鉴定意见进行质证，回答审判人员和当事人的询问、与对方当事人申请的“有专门知识的人”进行对质等。与鉴定人出庭作证一样，这些活动都是围绕着对鉴定意见或者专业问题的意见展开的，均有助于法院审查鉴定意见，进而准确的认定案件事实。

［民事诉讼法研究备忘（二）］

民事公益诉讼

梁展欣*

我国2012年民事诉讼法增设民事公益诉讼制度，其第五十五条规定："对污染环境、侵害众多消费者合法权益等损害社会公共利益的行为，法律规定的机关和有关组织可以向人民法院提起诉讼。"其中对于公益诉讼的案件范围，目前限定在"污染环境、侵害众多消费者合法权益等"。其中的"等"字可以扩及至如国有资产流失、破坏社会主义市场经济秩序、破坏社会道德风尚等涉及社会公共利益、公共秩序乃至公共安全的案件。这是本法关于公益诉讼程序的基本条文，为本法2012年修正时所新增。

一、民事公益诉讼的特点

民事公益诉讼（Public Interest Litigation）是相对于普通的民事诉讼而言的，通常是指法律规定的机关和有关组织根据法律的规定，针对损害社会公共利益的行为向人民法院提起的民事诉讼。与一般民事诉讼相比，民事公益诉讼具有如下一些特点：

1. 诉讼目的的公益性。民事公益诉讼的目的不是为单个私人的利益提出的诉讼，而是针对多数人的公共利益提出的。这里的公益主要包括集合性公益

* 作者单位：广东省高级人民法院研究室。

（又称为集合型共同性利益，collective interest）和纯粹性公益（即扩散性利益，diffuse interest）两种类型。前者是指同类型个体性利益（homo geneous individual interest）的集合，由某种类型之利益共同体的内部成员所共同享有，其利益主体之间具有相对稳定的内部成员关系，其侵害对于潜在的利益成员呈现出一定的扩张性。例如，公司拒绝按章程向股东进行年终分红、学校向学生违规收费等。后者是指由不特定之多数主体所共同享有的一种赶走个体属性、不可具体分配的利益。例如，城市居民呼吸洁净穿得的利益、农村居民使用洁净地下水的利益、消费者食用安全食品的利益等。①

2. 诉讼主体的多元性。与普通的民事诉讼不同，即使与案件无直接的利害关系，任何组织和个人都可以成为民事公益诉讼的原告，其范围具有广泛性、多元性。原告方大多是因被告方的活动而受到加害或加害危险的市民（消费者、居民），而且在多数情况下表现为人数众多，具有集团性或扩散性。与此相反，被告方主要为国家、公共团体或大企业。与普通的民事诉讼不同，公益诉讼的双方当事人之间原则上缺乏互换性，它结合了环境诉讼的集团性和消费者诉讼的扩散性。②

3. 程序保障的法定性。从民事公益诉讼的公益性出发，既然原则上允许任何组织和个人都有权起诉违法者，应当赋予其判决以一定的扩张性效力，以实现对对潜在当事人的保护效益。反过来看，在民事公益诉讼中，处分原则和辩论原则都将受到一定的限制，如体现在对调解、自认、撤诉等诉讼行为的限制。另一方面，从原告和被告之间的关系来看，原告若想获得请求被认可的判决，将会在主张和立证方面遇到巨大的困难。例如，在公害人身伤害之损害赔偿诉讼中，存在着证据偏在和新颖的科学证明等难以克服的障碍；在机场噪音和新干线噪音诉讼中，还必须围绕着轻微得难以捕捉的侵害或微妙的精神损害

---

① 参见丁宝同：《民事公益之基本类型与程序路径》，载《法律科学（西北政法大学学报）》2014 年第 2 期。

② 参见［日］小岛武司：《诉讼制度改革的法理与实证》，陈刚等译，法律出版社 2001 年版，第 170 ~ 171 页。

来展开主张和立证。[①]

二、民事公益诉讼的原告资格

对于公益诉讼的原告资格，世界各国由于本国的政治、经济发展状况、历史文化传统的不同而有所不同。基本上可以区分为一元制和多元制。法国采取由检察机关代表国家提起国家诉讼的一元制，其民事诉讼法明确规定："于法律规定之情形，检察院代表社会"；"除法律有特别规定之情形外，在事实妨害公共秩序时，检察院得为维护公共秩序，进行诉讼。"多数国家则系采取多元制，除国家诉讼外，还有团体诉讼（即除检察机关以外的其他机关、社会团体提起公益诉讼）、公民诉讼和相关人诉讼（如纳税人诉讼）。我国民事诉讼法未采取后两种模式。

1. 公民能否提起民事公益诉讼？对于公益诉讼的原告范围，目前限定在"法律规定的机关和有关组织"。一方面否定了公民单独或者共同提起公益诉讼，另一方面对于何种机关或者组织提起，须由"法律规定"。对于前一方面，似系否认公民就自己不是受害人的损害社会公共利益的行为提起公益诉讼，在原告资格上与本法第一百一十九条第（一）项规定的民事诉讼原告须"与本案有直接的利害关系"有关。公民如为受害人的，即有直接的利害关系，仅能提起一般民事诉讼；如非受害人的，既不得提起一般民事诉讼，也不得提起公益诉讼。这里面似有否认公益诉讼中实行代表人诉讼（第五十三条）的意味。从此前司法实践的探索来看，既有否定公民具有公益诉讼原告资格的，[②] 也有予以肯定的。[③] 但从长远发展来看，似宜放宽，即允许公民径以自己之名义提起公益诉讼。至于民事诉讼法第五十五条规定中的"有关组织"，据全国人大法工委王胜明副主任介绍，系在本法草案最后审议前对二审稿中"社会团体"的替换，主要原因是社会各界对"社会团体"的理解很不一致，

---

① 参见［日］小岛武司：《诉讼制度改革的法理与实证》，陈刚等译，法律出版社2001年版，第170~171页。

② 参见《云南省高级人民法院全省法院环境保护审判庭建设及环境保护案件审理工作座谈会议纪要》。

③ 参见《海南省高级人民法院关于环境资源民事公益诉讼试点实施意见》（琼高法发〔2011〕6号）第六条第（六）项。

而采取“有关组织”则比较宽泛，更有利于实现公益诉讼的目的。此前的司法实践认为，“有关组织”可以包括：依法成立的自然保护区管理机构；从事环境保护、社会公益事业和社会公共服务的法人组织；居民委员会、村民委员会等基层群众性自治组织等。①

2. 在团体诉讼的方面，我国环境保护法（2014 年修正）第五十八条第一款规定：“对污染环境、破坏生态，损害社会公共利益的行为，符合下列条件的社会组织可以向人民法院提起诉讼：（一）依法在设区的市级以上人民政府民政部门登记；（二）专门从事环境保护公益活动连续五年以上且无违法记录。”② 海洋环境保护法（2013 年修正）第九十条第二款规定：“对破坏海洋生态、海洋水产资源、海洋保护区，给国家造成重大损失的，由依照本法规定行使海洋环境监督管理权的部门代表国家对责任者提出损害赔偿要求。”该规定赋予行使海洋环境监督管理权的部门提起公益诉讼的原告资格。《最高人民法院关于审理食品药品纠纷案件适用法律若干问题的规定》（法释〔2013〕28 号）第十七条第二款认可消费者协会作为公益诉讼的原告。

《最高人民法院关于认真学习贯彻实施消费者权益保护法的通知》（法〔2013〕288 号）第五条指出：“《中华人民共和国民事诉讼法》和新《消费者权益保护法》先后对公益诉讼作出了规定，但目前尚未建立具有可操作性的程序规则。新《消费者权益保护法》施行后，对侵害众多消费者合法权益的行为，中国消费者协会以及省级的消费者协会，代表消费者向人民法院提起诉讼的，有管辖权的人民法院应当积极、慎重受理。消费者协会提起公益诉讼，与民事诉讼法规定的原告‘与本案有直接利害关系’的一般案件起诉条件有所不同。此外，启动公益诉讼程序，还涉及案件管辖、诉讼费用的承担、债权清偿、裁判执行等新问题，都亟待从制度上加以解决。”其中，系将有权提起

① 参见《海南省高级人民法院关于环境资源民事公益诉讼试点实施意见》（琼高法发〔2011〕6 号）第六条第（三）至（五）项。

② 此前，《广东省高级人民法院民事审判第一庭关于环保公益诉讼原告主体资格问题的批复》（〔2013〕粤高法民一复字第 13 号）中指出：“而根据最高人民法院目前对于可以提起公益诉讼的‘有关组织’的解读精神，可认定中华环保联合会符合该‘有关组织’的条件，可以作为环保公益诉讼的起诉主体。”载广东省高级人民法院民事审判第一庭编：《民事审判工作法律政策文件选编（2014）》，暨南大学出版社 2014 年版，第 596 页。

公益诉讼的消费者协会，限定为中国消费者协会以及省级的消费者协会。

3. 就检察机关有无公益诉讼的原告资格，我国民事诉讼法并未明确规定，解释上所谓“法律规定的机关”似乎并未排除检察机关。在立法过程中，对此争议很大。学者中有肯定者，亦有否定者。肯定的意见认为，在公共执法型的公益诉讼中，应当授予检察机关第一顺序行使公益诉讼的资格，是基于对检察机关在我国宪政中的法律监督者的特殊地位，作为国家利益和社会公共利益的代表者、维护者和实现者的职能角色，以及其在收集证据、调查证据的权限、担负诉讼成本的能力和进行诉讼所必需的法律专业素养等方面的优越性的考虑。① 司法实践中，多数法院采此观点。② 否定的意见认为，提起公益诉讼与检察机关作为法律监督机关的职能不相符合，“如果由检察机关包揽公益损害时的保护之责，绕开现行法律已经设定的由各个相应的管理机关执行法律的体制而直接对应私人，不仅有越俎代庖之嫌，而且还会造成权力体系的混乱”。③《最高人民法院关于恩施市人民检察院诉张苏文返还国有资产一案的复函》（〔2002〕民立他字第53号）指出：“检察机关以保护国有资产和公共利益为由，以原告身份代表国家提起民事诉讼，没有法律依据，此案件不应受理，如已受理，应当驳回起诉。”亦同此说。在民事诉讼法出台之后，有地方法院仍然坚持该观点，如《广东省高级人民法院民事审判第一庭关于环保公益诉讼原告主体资格问题的批复》（〔2013〕粤高法民一复字第13号）中认为：“目前尚未有法律规定检察机关可以作为原告提出公益诉讼，故检察机关尚不具备公益诉讼的原告主体资格。”④

笔者认为，可以探索将检察机关纳入到民事公益诉讼的原告范围中来。检察机关是我国的法律监督机关，具有代表国家提起刑事公诉的权力和对民事及行政诉讼活动的监督权。从现实看，检察机关提起民事公益诉讼在实践中已屡

---

① 参见肖建国：《〈民事诉讼法〉再修改的重大问题研究》，载《判解研究》2011年第3辑。

② 参见《云南省高级人民法院全省法院环境保护审判庭建设及环境保护案件审理工作座谈会议纪要》；《海南省高级人民法院关于环境资源民事公益诉讼试点实施意见》（琼高法发〔2011〕6号）第六条第（一）项。

③ 参见吕忠梅：《环境公益诉讼辨析》，载《法商研究》2008年第6期。

④ 载广东省高级人民法院民事审判第一庭编：《民事审判工作法律政策文件选编（2014）》，暨南大学出版社2014年版，第596页。

屡尝试，并多有成功案例出现。检察机关拥有强大的诉讼资源和丰富的诉讼经验，由检察机关代表国家提起公益诉讼显然比“另起炉灶”更为经济，也更为专业，可以更好地保护社会公共利益。赋予检察机关以民事公诉权是世界各国在保护社会公共利益方面的普遍做法，符合公益诉讼发展潮流。在我国诉讼法上，对于检察机关的公益保护主体资格已经有所涉及。刑事诉讼法（2012年修正）第九十九条第二款规定：“如果是国家财产、集体财产遭受损失的，人民检察院在提起公诉的时候，可以提起附带民事诉讼。”① 2012年修正民事诉讼法时，在审判监督程序中人民检察院提出检察建议或者抗诉的事由中，增设“调解书损害国家利益、社会公共利益的”事由（第二百零八条第一、二款），属于在审判监督程序中的公益诉讼事由。

三、民事公益诉讼的个别程序设计

目前，我国民事诉讼法上关于公益诉讼的相关配套制度尚不明确。公益诉讼程序作为特殊的民事诉讼程序，在当事人的处分权、举证责任的分配、诉讼费用的负担、判决的效力乃至执行方式等，都应与普通的民事诉讼有所区别，民事诉讼法对此尚不明确。同时，民事实体法上对于公益损害之救济手段，似乎亦未完善，间接导致公益诉讼制度目前还停留在“看上去很美”的阶段。值得注意的是，环境保护部于2011年制定《关于开展环境污染损害鉴定评估工作的若干意见》（环发〔2011〕60号），建立环境污染损害鉴定评估技术规范和工作机制，制定“环境污染损害数额计算推荐方法（第I版）”，为人民法院审理环境污染公益诉讼案件提供专业知识方面的技术支持。

1．探索设立行政机关先行处理的民事公益诉讼前置程序。在我国，行政权力的辐射范围比较广泛，有利于其直接维护社会公共利益。对于具有社会危害性的违法行为，通常可由专门的行政机关对其进行处罚，如物价部门、技术监督部门、质量管理部门，它们可以先于司法机关介入。当事人如果发现有违

① 最高人民法院司法解释中明确这里的“国家财产、集体财产遭受损失”，不包括非法占有、处置国家财产、集体财产；赔偿款项如果没有相应权利人的，应向提起附带民事诉讼的检察机关交付赔偿款，由其上缴国库。见《最高人民法院关于适用〈中华人民共和国刑事诉讼法〉的解释》（法释〔2012〕21号）第一百四十二条第三款、第一百五十六条。

反社会公共利益的不法生产和经营行为，应首先向有关行政机关提起检举、控告，由他们先行查处。如果允许当事人越过行政程序而直接向人民法院提起民事公益诉讼，容易造成行政机关对其职责的懈怠，不利于发挥行政执法及时有效的优势，同时也可能会造成滥讼。①

2. 扩张民事公益诉讼的判决效力。民事公益诉讼的判决效力应当较普通民事诉讼实行扩张。首先，在实体权利义务主体缺位的情况下，由检察机关、具有特定职能的行政机关等主体提起的民事公益诉讼，法院作出的生效裁判应当可以有条件地扩张到所有未参加诉讼的实体当事人。其次，由于个人合法权益受民事公益侵权行为侵犯的公民是多数的，并且均有可能提起相同的诉讼。如果后诉当事人以与原诉当事人相同的事实起诉到法院，法院经审查原告起诉符合原诉判决情形的，可以直接适用原判决。实行民事公益诉讼判决效力的扩张，一方面有利于减少司法资源的程序性耗费，树立司法权威；另一方面也可以降低当事人的诉讼成本，促进司法为民。

3. 明确民事公益诉讼的诉讼费用负担。在构建民事公益诉讼制度中，如果不考虑特定社会团体、公民个人为民事公益诉讼负担的诉讼成本，该制度会无法发挥应有作用。由于民事公益诉讼原告不是为了或者不只是为了维护自身利益而诉，因而对于其中的诉讼费用负担，应当以以下做法较为合理：首先，检察机关和具有特定职能的行政机关提起的公益诉讼，如果要承担必要的诉讼费用的，由国库支付。其次，有关公民、法人或其他组织提起的民事公益诉讼，在起诉时可以实行缓交，在被告败诉时由被告直接负担。原告败诉的，其诉讼费用可通过两种方式转嫁：一是诉讼费用保险，由一定的范围内缴纳保险费的人在为个别的保险人发生的诉讼而承担全部或部分诉讼费用；二是成立公益诉讼基金，从每件胜诉的公益诉讼案件的罚金中提留一定比例作为公益诉讼基金。②

就民事公益诉讼原告的律师费用，司法实务中有主张应由败诉被告承担。如《重庆市高级人民法院关于试点设立专门审判庭集中审理刑事、民事、行

① 参见赵欣：《民事公益诉讼制度设计与实务探析》，载《河北法学》2009年第12期。
② 参见颜运秋：《公益诉讼理念研究》，中国检察出版社2002年版，第296页。

政环境保护案件的意见》（渝高法〔2011〕364号）第十七条。[1] 对此规则，在美国民事诉讼法上被视为系关于律师费用的“美国规则”的例外。所谓“美国规则”，是指无论民事诉讼当事人胜败与否，都须负担各自的法定代理费用。但是，这在人权诉讼中被打开了一个缺口。1976年《美国公民权律师报酬法》（Civil Rights Attorney’s Fees Awards Act）确立了一条普通原则，即在所有的公民权诉讼中，“法院可以依其裁判，允许除美国国家之外的胜诉当事人接受一定金额的律师报酬的偿还，以此作为诉讼费用的一部分”。其理论基础，是所谓“私设司法长官”理论。在Newman v. Piggie Park Enterprises. Inc. 一案中，美国联邦最高法院指出：“1964年的公民权法在议会上通过时，我们已经明确地知道要实现它并不容易。作为广泛遵守该法律的手段，国家必须在某种程度上依靠私人诉讼。因此，第2篇诉讼在形式上只限于私人诉讼。如果某原告以本篇为基准提出诉讼，该原告就不仅仅是为了自身的利益，作为私设司法长官，议会考虑到这一政策的重要而拥护之。如果胜诉原告常常要自己负担律师费用的话，被侵害的人中，处于诉诸联邦法院的制止功能而增进公共利益的立场的人，几乎不会挺身而出了。因此，为了表彰那些受到人种歧视的人以此篇为基准，寻求司法救济，制订了关于律师报酬的条款。”[2]

---

① 载拙编订：《民事司法规范大全·侵权卷》，人民法院出版社2013年版，第859～560页。

② 参见［德］海因·克茨：《公共利益诉讼的比较法鸟瞰》，载［意］英诺·卡佩莱蒂编：《福利国家与接近正义》，刘俊祥等译，法律出版社2000年版，第71页以下。

[最新立法、司法动态]

最高人民法院

关于审理侵犯专利权纠纷案件应用法律若干问题的解释（二）（公开征求意见稿）

为正确审理侵犯专利权纠纷案件，根据《中华人民共和国专利法》、《中华人民共和国民事诉讼法》等有关法律规定，结合审判实际，制定本解释。

第一条 权利要求书有两项以上权利要求的，权利人应当在起诉状中载明据以起诉被诉侵权人侵犯其专利权的权利要求。起诉状对此未记载或者记载不明的，人民法院应当要求权利人明确；经释明，权利人不予明确的，人民法院可以推定权利人选择全部的独立权利要求。

第二条 权利人主张被诉侵权技术方案落入独立权利要求及其从属权利要求限定的保护范围，经审查，被诉侵权技术方案已落入独立权利要求限定的保护范围的，人民法院应当对被诉侵权技术方案是否落入其从属权利要求限定的保护范围作出认定；被诉侵权技术方案未落入独立权利要求限定的保护范围的，人民法院可以迳行认定被诉侵权技术方案未落入其从属权利要求限定的保护范围。

被诉侵权技术方案落入权利人主张的一项以上权利要求限定的保护范围

的，人民法院应当认定被诉侵权技术方案落入专利权的保护范围。被诉侵权技术方案落入两项以上权利要求所限定的保护范围的，不影响人民法院对赔偿数额的认定。

第三条 权利人在专利侵权诉讼中主张的权利要求被专利复审委员会宣告无效的，审理专利侵权纠纷案件的人民法院可以裁定驳回权利人基于该无效权利要求的起诉；有证据证明专利复审委员会宣告专利权无效的决定被生效行政裁判撤销的，权利人可以重新起诉。

第四条 对于权利要求书、说明书及附图中的语法、文字、标点、符号、图形等错误，本领域普通技术人员通过阅读权利要求书、说明书可以清楚地得出唯一理解的，人民法院应当根据该唯一理解予以认定。

第五条 权利要求记载的文字含义清楚，但说明书的相应描述与其根本冲突，且不属于本解释第四条规定的情形的，人民法院应当根据权利要求的记载确定专利权的保护范围。

权利要求含义不明，运用法定的解释方法仍无法确定其限定的专利权保护范围，且不属于本解释第四条规定的情形的，人民法院可以裁定驳回起诉。

当事人举证证明在专利侵权诉讼的裁判作出前无效宣告请求人基于上述事由请求专利复审委员会宣告该专利权无效的，人民法院可以裁定中止诉讼。

第六条 人民法院对于权利要求的解释，应当符合专利的发明目的。被诉侵权技术方案具有专利所要克服的现有技术的缺陷的，人民法院应当认定其未落入专利权的保护范围。

第七条 人民法院判定被诉侵权技术方案是否落入专利权的保护范围，一般应当对专利技术方案以及被诉侵权技术方案进行技术特征的分解，并在此基础上进行相应技术特征的对比。

技术特征，是指技术方案中能够相对独立地实现一定的技术功能，并产生相对独立的技术效果的最小技术单元。

第八条 涉案专利与另一专利之间存在分案申请等直接关联关系的，人民法院可以运用该另一专利及其专利审查档案、生效的专利授权确权纠纷裁判文书解释涉案专利的权利要求。

专利审查档案，包括专利审查、复审、无效过程中专利申请人或者专利权人提交的书面材料，国务院专利行政部门及其专利复审委员会作出的审查意见通知书、会晤记录、口头审理记录、生效的专利复审请求审查决定书和专利权无效宣告请求审查决定书等。

第九条 人民法院在确定专利权的保护范围时，独立权利要求的前序部分、特征部分以及从属权利要求的引用部分、限定部分记载的技术特征均有限定作用。

第十条 权利要求中以功能或者效果表述的技术特征，即功能性特征，是指对于结构、组分、步骤、条件或其之间的关系等，仅通过其在发明创造中所起的功能或者效果进行限定的技术特征。但是，当事人举证证明技术术语系本领域约定俗成的或者本领域普通技术人员可以仅通过权利要求即可直接、明确地确定其技术内容的除外。

与说明书及附图记载的实现上述功能或者效果不可缺少的技术特征相比，被诉侵权技术方案的相应技术特征是以基本相同的手段，实现相同的功能，达到相同的效果，且本领域普通技术人员在专利申请日无需经过创造性劳动就能够联想到的，人民法院应当认定该相应技术特征与功能性特征相同。

与说明书及附图记载的实现上述功能或者效果不可缺少的技术特征相比，被诉侵权技术方案的相应技术特征是以基本相同的手段，实现基本相同的功能，达到基本相同的效果，且本领域普通技术人员在专利申请日后、被诉侵权行为发生日以前无需经过创造性劳动就能够联想到的，人民法院应当认定该相应技术特征与功能性特征等同。

第十一条 对于组合物的封闭式权利要求，被诉侵权技术方案在包含权利要求全部技术特征的基础上增加其他技术特征的，人民法院应当认定被诉侵权技术方案未落入专利权的保护范围，但该增加的技术特征属于不可避免的常规数量杂质的除外。

第十二条 被诉侵权技术方案不能适用于产品权利要求中使用环境特征限定的使用环境的，人民法院应当认定被诉侵权技术方案未落入专利权的保护范围。

第十三条 对于产品权利要求中以制备方法界定产品的技术特征，被诉侵权产品的制备方法与其不相同也不等同的，人民法院应当认定被诉侵权技术方案未落入专利权的保护范围。

第十四条 对于方法权利要求中的步骤顺序特征，人民法院应当根据权利要求的记载，结合说明书及附图，确定步骤顺序的变换对技术效果是否产生实质性影响，并在此基础上认定被诉侵权技术方案是否落入专利权的保护范围，但属于本解释第十五条规定的情形的除外。

第十五条 权利要求采用“至少”等用语对数值特征或者采用“首先”等用语对步骤顺序特征进行界定，且本领域普通技术人员认为权利人特别强调该用语对技术特征的严格限定作用，权利人主张与其不相同的技术特征属于等同特征的，人民法院不予支持。

第十六条 专利申请人、专利权人在专利授权确权程序中修改权利要求书、说明书或者陈述意见，被诉侵权人主张上述情形下放弃的技术方案不属于专利权保护范围，权利人举证证明该修改或者陈述未被审查员采信或者与专利授权确权条件无因果关系的，人民法院应当认定该修改或者陈述未导致技术方案的放弃。

第十七条 人民法院认定外观设计是否相同或者近似，应当从一般消费者的角度全面观察设计特征，综合判断整体视觉效果。被诉侵权设计未包含授权外观设计区别于现有设计的全部设计特征的，人民法院可以推定被诉侵权设计与授权外观设计不近似；被诉侵权设计包含授权外观设计区别于现有设计的全部设计特征的，人民法院可以推定该设计特征对整体视觉效果更具有影响。但是，当事人提出反证推翻上述推定的除外。

一般消费者，是指被诉侵权产品的直接购买者。人民法院在认定一般消费者对于外观设计所具有的知识水平和认知能力时，应当考虑授权外观设计的设计空间，即设计者在创作特定产品外观设计时的自由度。设计空间较大的，一般消费者通常不容易注意到不同设计之间的较小区别；设计空间较小的，一般消费者通常更容易注意到不同设计之间的较小区别。

第十八条 被诉侵权设计与授权外观设计的差异不足以使一般消费者将两

者区分或者两者的差异属于惯常设计或由技术功能唯一决定的设计的，人民法院应当认定两者在整体视觉效果上无实质性差异。

第十九条 对于成套产品的外观设计专利，被诉侵权设计与其一项外观设计相同或者近似的，人民法院应当认定被诉侵权设计落入专利权的保护范围。

第二十条 对于组装关系唯一的组件产品的外观设计专利，被诉侵权设计与该组件产品在组合状态下的整体外观设计相同或者近似的，人民法院应当认定被诉侵权设计落入专利权的保护范围。

对于各构件之间无组装关系或者组装关系不唯一的组件产品的外观设计专利，被诉侵权设计与其全部单个构件的外观设计均相同或者近似的，人民法院应当认定被诉侵权设计落入专利权的保护范围；被诉侵权设计缺少部分单个构件的外观设计或者与其不相同也不近似的，人民法院应当认定被诉侵权设计未落入专利权的保护范围，但该部分单个构件的外观设计对于全部单个构件的外观设计整体视觉效果未产生显著影响的除外。

第二十一条 对于变化状态产品的外观设计专利，被诉侵权设计与变化状态图所示的各种使用状态的外观设计均相同或者近似的，人民法院应当认定被诉侵权设计落入专利权的保护范围。

被诉侵权设计缺少部分使用状态的外观设计或者与其不相同也不近似的，人民法院应当认定被诉侵权设计未落入专利权的保护范围，但该部分使用状态的外观设计对于全部使用状态的外观设计整体视觉效果未产生显著影响的除外。

第二十二条 权利人诉请在发明专利申请公布日至授权公告日期间实施该发明的单位或者个人支付适当费用的，人民法院可以参照适用有关专利侵权赔偿数额确定的法律规定。

专利申请公布时的申请人请求保护的范围与专利公告授权时的专利权保护范围不一致，被诉侵权技术方案均落入上述两种范围的，人民法院应当认定被诉侵权人在上述期间内实施了该发明；被诉侵权技术方案仅落入其中一种范围的，人民法院应当认定被诉侵权人在上述期间内未实施该发明。

在发明专利授权公告日以后，未经专利权人许可，使用、许诺销售、销售上述期间内已制造、进口的产品，权利人依据专利法第十一条主张停止上述实施行为的，人民法院应予支持。但是，实施人举证证明上述制造者、进口者依据专利法第十三条的规定已支付适当费用的除外。

第二十三条 产品销售合同依法成立的，人民法院应当认定属于专利法第十一条所称的销售。

第二十四条 对于将依照专利方法直接获得的产品进一步加工、处理而获得的后续产品，进行再加工、处理的，人民法院应当认定该行为不属于专利法第十一条所称的使用依照该专利方法直接获得的产品。

第二十五条 明知有关产品系专门用于实施发明创造的原材料、零部件、中间物等，未经专利权人许可，将该产品提供给无权实施该专利的人或者依法不承担侵权责任的人实施，权利人主张该提供者的行为属于侵权责任法第九条规定的帮助侵权行为的，人民法院应予支持。

明知有关产品、方法可以用于实施发明创造，未经专利权人许可，通过提供图纸、传授技术方案等方式积极诱导无权实施该专利的人或者依法不承担侵权责任的人实施，权利人主张该诱导者的行为属于侵权责任法第九条规定的教唆侵权行为的，人民法院应予支持。

第二十六条 被诉侵权人一般只能依据一项现有技术方案或者现有设计主张不侵权抗辩。但是，被诉侵权人举证证明被诉侵权技术方案属于一项现有技术方案与公知常识在专利申请日前是显而易见的组合的，或者被诉侵权设计属于一项现有设计与惯常设计在专利申请日前是显而易见的组合的，人民法院可以认定被诉侵权人的不侵权抗辩成立。

对于被诉侵权人主张的上述抗辩，人民法院应当依照专利申请日时施行的专利法界定现有技术或者现有设计。

第二十七条 非强制性国家、行业或者地方标准明示所涉专利的信息，被诉侵权人以其实施该标准而无需专利权人许可为由主张不构成专利侵权的，人民法院一般不予支持。但是，专利权人违反公平、合理、无歧视的原则，就标准所涉专利的实施许可条件恶意与被诉侵权人协商，被诉侵权人据此主张不停止实施行为的，人民法院一般应予支持。

标准所涉专利的实施许可条件，应当由专利权人、被诉侵权人协商确定；经充分协商，仍无法达成一致的，可以请求人民法院确定。人民法院应当根据公平、合理、无歧视的原则，综合考虑专利的创新程度及其在标准中的作用、标准所属的技术领域、标准的性质、标准实施的范围、相关的许可条件等因素，确定上述实施许可条件。

法律、行政法规对实施标准中的专利另有规定的，从其规定。

第二十八条 被诉侵权人为私人消费目的实施发明创造的，人民法院应当认定不属于专利法第十一条、第七十条所称的为生产经营目的。

第二十九条 为生产经营目的使用、许诺销售或者销售不知道是未经专利权人许可而制造并售出的专利侵权产品，且能证明该产品合法来源的，对于权利人要求上述许诺销售者、销售者停止侵权行为的诉讼请求，人民法院应予支持；上述使用者举证证明专利侵权产品的制造者赔偿权利人因被侵权所受到的实际损失的，对于权利人要求该使用者停止使用行为的诉讼请求，人民法院不予支持，但该使用者应当支付专利侵权产品与专利产品的差价。

不知道，一般是指实际不知道。但是，权利人举证证明上述侵权人应当知道的，对于该侵权人不知道的主张，人民法院不予支持。

合法来源，是指通过正当的商业行为购买专利侵权产品。正当的商业行为包括合法的进货渠道、通常的买卖合同、合理的价格等。对于合法来源，使用者、许诺销售者或者销售者应当提供符合交易习惯的相关证据，仅以合同中的权利瑕疵担保条款证明合法来源的，人民法院不予支持。

第三十条 侵权人停止实施相关专利会损害社会公共利益或者导致当事人之间的利益严重失衡的，人民法院可以判令侵权人不停止实施行为，并代以支付合理的使用费。

第三十一条 根据权利人的申请，人民法院可以判令侵权人将侵权产品以及专门用于制作侵权产品的材料和工具等交由权利人处理，但该处理会严重损害他物的价值或者侵权产品已经附着于他物而难以替换的除外。上述物品由权利人处理的，人民法院在确定赔偿数额时，应当扣除该物品的相应价值。

第三十二条 权利人主张依据专利法第六十五条第二款确定赔偿数额，侵权人提供证据证明权利人因被侵权所受到的实际损失、侵权人因侵权所获得的利益或者合理的专利许可使用费，且权利人不能提供反证推翻的，人民法院可以根据侵权人提供的证据确定赔偿数额；侵权人未提供上述证据的，人民法院可以依照专利法第六十五条第二款的规定确定赔偿数额。

第三十三条 人民法院为确定赔偿数额，在权利人已经尽力举证，而与专利侵权行为相关的账簿、资料主要由侵权人掌握的情况下，人民法院可以责令侵权人提供与专利侵权行为相关的账簿、资料；侵权人无正当理由拒不提供或者提供虚假的账簿、资料的，人民法院可以参考权利人的主张和提供的证据认定赔偿数额。

第三十四条 权利人与侵权人约定专利侵权的赔偿数额或者赔偿计算方法，权利人在专利侵权诉讼中主张按照该约定确定赔偿数额的，人民法院应予支持。

第三十五条 专利法第四十七条第二款所称的在宣告专利权无效前，是指在专利权无效宣告请求审查决定书载明的决定日前；该款所称的已执行、已经履行或者强制执行，是指已经实际执行、实际履行或者强制执行的部分；该款所称的恶意，包括专利申请人、专利权人明知其拟申请专利的技术方案属于现有技术或者现有设计等不应当被授予专利权的情形，仍将该技术方案申请专利并获得专利权。

第三十六条 人民法院裁定准许当事人基于和解协议提出的撤诉申请，宣告专利权无效的决定对在宣告专利权无效前该和解协议已经履行的部分，不具有追溯力；尚未履行的，不再履行。但是，该和解协议损害社会公共利益或者第三人利益的除外。

和解协议对宣告专利权无效的决定的追溯问题另有约定的，从其约定。

第三十七条 对于专利复审委员会作出的宣告专利权无效的决定，无效宣告请求人或者专利权人未在法定期间内向人民法院起诉或者该无效宣告决定被人民法院的生效裁判维持，当事人依据该无效宣告决定申请再审，请求撤销专利权无效宣告前人民法院作出但尚未执行或者尚未执行完毕的专利侵权的判决、调解书的，经审查属实，人民法院应当再审；当事人依据上述无效宣告决定，申请终结执行专利权无效宣告前人民法院作出但尚未执行或者尚未执行完毕的专利侵权的判决、调解书的，经审查属实，人民法院应当裁定终结执行。

对于专利复审委员会作出的宣告专利权无效的决定，无效宣告请求人或者专利权人已在法定期间内向人民法院起诉而未终审，当事人依据该无效宣告决定申请再审，请求撤销专利权无效宣告前人民法院作出但尚未执行或者尚未执行完毕的专利侵权的判决、调解书的，经审查属实，人民法院应当裁定中止再审审查，并中止原判决、调解书的执行。

《最新法律文件解读》丛书
稿　　约

《最新法律文件解读》是一套以为最新法律规范提供同步"解读"为主的系列丛书，分为刑事、民事、商事、行政与执行4个分册，按月出版。

本丛书以"解读"为重点，突出全、专、新、快、准等特点，通过对最新出台的法律、法规、司法解释、部门规章以及重要地方性法规进行同步动态解读，弥补了法律、法规、司法解释汇编类出版物没有同步阐释、解读内容的不足，为广大读者学习理解最新法律规范，正确贯彻执行法律文件，及时解决实践中的新情况、新问题，提供一个全方位、多层面的法律信息平台。

欢迎您向以下栏目赐稿：

【最新法律文件解读】主要是对最新颁行的法律文件进行解读，帮助司法和执法人员正确理解法律文件的立法背景、意义、重点内容、在适用中应注意的问题、与相关法律文件的衔接与互动关系等等。

【司法实务问题研究】主要刊登对司法理论、实务及司法管理工作中的热点、疑难问题进行研究及评论的文章。

【新类型疑难案例选评】主要是对司法和行政执法实践中具有典型性和代表性的疑难案例，结合具体案情以及审理或处理结果进行简练精辟的点评，解析认识问题的方法、处理问题的法律依据和在个案中的具体适用。

【法学前沿与新视点】以摘要的形式刊登相关法学理论研究的最新动态及具有代表性和典型性的前沿问题，扩展法学研究的深度和广度。

【法律适用问题解答】主要针对司法和行政执法实践中面临的新问题、热点问题、疑难问题进行简要地解答，指出涉及的法律关系，明确法律适用依据。

稿件一经刊用，即付稿酬，稿酬从优。

《刑事法律文件解读》　兰丽专　邮箱：lanlizhuan@sohu.com

《民事法律文件解读》　肖瑾璟　邮箱：courtbook@163.com

《商事法律文件解读》　孙振宇　邮箱：shangshijiedu@126.com

《行政与执行法律文件解读》　丁丽娜　邮箱：dlnlaw@163.com

人民法院出版社

《最新法律文件解读》丛书编辑部